EL PEQUEÑO LIBRO DE LAS GRANDES FEMINISTAS

EL PEQUEÑO LIBRO

de las

GRANDES
FEMINISTAS
Un santoral laico

JULIA PIERPONT
Ilustraciones de MANJIT THAPP

Grijalbo

El pequeño libro de las grandes feministas
Un santoral laico

Título original: *The Little Book of Feminist Saints*

Primera edición: julio, 2019

Penguin
Random House
Grupo Editorial

Para las mujeres que nos criaron,
y para esas amigas que se han convertido en mujeres con nosotras

ÍNDICE

INTRODUCCIÓN

No puedo recordar ninguna época de mi niñez en la que no fuera también una niña, ninguna época en la que fuera una persona antes de ser también una persona del sexo femenino. Mi madre me contó una historia sobre niños y niñas, que para mí se ha convertido en una alegoría: fue el verano antes de cumplir cuatro años, y me habían inscrito en un preescolar llamado Años Mágicos. En una actividad recreativa en el patio, en la que participaban los padres, mi clase organizó un juego de Peter Pan. Eligieron a mi madre, con su largo cabello oscuro, como el capitán Garfio. En cuanto comenzó el juego, los niños se acercaron y la golpearon hasta donde sus cortos brazos les permitían llegar; las niñas salieron corriendo, al grito de "¡Atrápame! ¡Atrápame!". En esos años, mi madre era una diarista diligente, así que le pedí que buscara su registro de ese día: "Las niñas quieren provocarme y que las persiga; los niños quieren pegarme, matarme y comer lo que quede de mí". ¿Cómo habíamos llegado a eso?, se preguntó. Mi madre fue a la universidad en los años setenta; trabajaba, formaba parte de una generación de mujeres que habían luchado para derribar las barreras de los roles tradicionales de género. Insidiosos, estos roles se habían filtrado de todos modos.

Este es un libro sobre mujeres que ignoraron esos roles, gracias a Dios, porque el mundo estaría mucho peor si no lo hubieran hecho. Compuesta de cien mujeres, nuestra lista no está de ninguna manera completa. Mi editora, Caitlin McKenna, y yo comenzamos recopilando algunos puñados de nombres, los de mujeres que nos habían inspirado y estimulado. Luego hicimos pública la convocatoria. Mi amiga Jennifer Rice, de Austin, nominó a Shirley Chisholm, la primera mujer negra elegida para el Congreso de Estados Unidos —"Su insignia de campaña decía 'Chisholm: preparada o no' porque le importaba un bledo"— y a la 45ª gobernadora de Texas, Ann Richards, "que nombraba a mujeres para todo". Cuando Manjit Thapp se sumó al equipo como ilustradora, presentó a candidatas como la artista japonesa Yayoi Kusama y la activista por los derechos de los homosexuales Marsha P. Johnson. Amigos y colegas de Caitlin en Random House también contribuyeron con una gran variedad de nombres. Katharine Hepburn obtuvo cinco nominaciones independientes, y Marie Curie, ocho. Cuando la lista llegó a cuatrocientas mujeres, comenzamos la desagradable tarea de acortarla. Las cien que quedaron vienen de todas partes del mundo y, en términos de tiempo, cubrimos desde la poetisa griega Safo, nacida cerca del año 630 a.C., hasta la activista pakistaní Malala Yousafzai, que nació en 1997.

Entonces, ¿por qué es este *El pequeño libro de las grandes feministas. Un santoral laico*, cuando las mujeres que incluye abarcan todas las religiones, o a veces ninguna en absoluto? La idea surgió del libro católico del santo de cada día, que se puede leer como fuente de inspiración diaria a lo largo del año calendario. A cada mujer del libro se le asignó su propio día festivo para que, por ejemplo, uno pueda leer sobre Josephine Baker y su falda de bananas el 3 de junio, el día de su nacimiento. El día de San Valentín, conmemoramos a Safo y su poesía del deseo. El 20 de mayo corresponde a Amelia Earhart, que ese día de 1932 comenzó su vuelo transatlántico sola. Los tradicionales libros católicos de los santos vienen con una historia complicada. Me encontré con la imagen de uno de esos libros de santos mientras leía sobre la reina Isabel I, gobernante protestante en un país que había sido católico. Cuando el deán de St. Paul's le regaló un libro de oraciones con imágenes de santos, ella lo rechazó. "Sabe que detesto la idolatría", le explicó. Para mí, todas las mujeres incluidas en este libro han hecho algo con sus vidas que las hace dignas ídolas. Que este sea el pequeño libro secular de las santas feministas.

Estas reseñas no están destinadas a servir como biografías breves, resúmenes de la vida de cada mujer que fácilmente pueden encontrarse en línea. En cambio, en mi investigación diaria intenté centrarme en lo colorido, en las anécdotas que podría contarle esa noche a una amiga. También empezaron a surgir conexiones entre las mujeres. Algunos vínculos eran indirectos: en la Feria Mundial de Chicago de 1893, mientras el mural feminista *Mujer moderna*, de Mary Cassatt, causaba revuelo dentro de la exposición, Ida B. Wells estaba afuera, haciendo un boicot porque la feria había dejado de lado a la comunidad afroamericana. A medida que pasó el tiempo, y el mundo se hizo más pequeño, hubo oportunidades de apoyo directo entre ellas. Cuando en 1972 se lanzó la revista *Ms.*, de Gloria Steinem, con una petición titulada "Nos hemos hecho abortos", la primera dama del tenis, Billie Jean King, estaba entre las cincuenta y tres firmantes. Cuando Ruby Bridges —que en 1960 se convirtió en la primera niña afroamericana en asistir a una escuela de Louisiana para blancos, después del fallo del caso *Brown v. Consejo de Educación*— se reunió, treinta y seis años después, con su maestra de primer grado, fue en un programa de entrevistas conducido por la reina de los medios de comunicación, Oprah Winfrey. Tuve la sensación de hallarme ante una gran sororidad.

Hay otra nota en el diario de mi madre, escrita un mes antes: era un día de febrero inusualmente caluroso, y estábamos en el patio de la escuela, jugando a Peter Pan también entonces. "Yo era el capitán Garfio", escribió mi madre. "Julia era Michael y John; Gabriella, la cocodrilo; Lindsay era Wendy, y Antonia, la más pequeña, que conocimos en ese momento, era Pan". Lo llamativo de esta nota, además de la meticulosa lista del reparto, es que ese día no había niños en el grupo, y entonces, como el agua, las niñas llenamos el nuevo espacio que nos habían dado. Las mujeres de estas páginas hicieron y llenaron sus propios espacios —muchas veces, *grandes* espacios— con frecuencia cuando no se los habían dado.

EL PEQUEÑO LIBRO DE LAS SANTAS FEMINISTAS

ARTEMISIA GENTILESCHI

SANTA PROTECTORA DE LAS ARTISTAS
NACIDA EN 1593 EN ITALIA
Día festivo: 1 de enero

El juez les ordenó usar empulgueras para asegurarse de que la víctima dijera la verdad. Se presentaron exámenes ginecológicos ante el tribunal a fin de confirmar que, tal como ella había expuesto, le habían quitado la virginidad. El juicio continuó durante ocho meses y, en ese período, Artemisia jamás vaciló en su testimonio: Agostino Tassi, el pintor que el padre de la joven había contratado para que fuera su tutor, había abusado sexualmente de ella. Al final, Tassi, que ya tenía otras acusaciones previas por violación, recibió una condena de un año que nunca le hicieron cumplir; a Artemisia la casaron por arreglo de manera rápida y tranquila, y la enviaron a Florencia, donde comenzó la verdadera obra de su vida. No sabía leer ni escribir, pero sí pintar. Y efectivamente pintó: mujeres poderosas, mujeres que buscaban venganza. Su obra más famosa, *Judit decapitando a Holofernes*, representa la historia de Judit, la viuda del Antiguo Testamento que decapita al general Holofernes de una manera muy violenta. Pero Artemisia usó su propio rostro para el personaje de Judit y, para el rostro de Holofernes, el de Agostino Tassi. Gracias a esta obra hoy se recuerda a Tassi como el hombre que debía ser su tutor pero que, en cambio, se convirtió en su sometido.

MICHELLE OBAMA

SANTA PROTECTORA DE LAS MUJERES
NACIDA EN 1964 EN ESTADOS UNIDOS
Día festivo: 17 de enero

Nunca tendremos una democracia si no tenemos familias democráticas y una sociedad que prescinda de las categorías inventadas de raza y género. Michelle Obama quizá haya cambiado la historia de la manera más poderosa que existe: a través del ejemplo.

—GLORIA STEINEM

Michelle asistió a una escuela de enfoque especializado que quedaba a una hora y media de su casa, fue parte del cuadro de honor de cada año y se graduó con el segundo mejor promedio. Aún recuerda al consejero de la universidad, que le dijo: "No estoy seguro de que Princeton sea para ti". Le advirtieron que apuntaba más alto de lo que podía, que las escuelas a las que aplicaba eran "demasiado" para ella. "Luego logré llegar; miré a mi alrededor y pensé: 'Soy tan inteligente como todas estas personas'", recuerda. Al parecer, era más inteligente. Se graduó con honores y después asistió a la Escuela de Derecho de Harvard. Cuando conoció a quien sería su esposo, en el estudio jurídico donde ambos trabajaban, ella era su mentora; veinte años más tarde, él juraría como presidente. "Toda primera dama tiene el derecho de definir su rol", ha señalado la señora Obama. "No existe ninguna autoridad legislativa; a una no la votó nadie. Y ese es un hermoso regalo de libertad". Michelle Obama utilizó su libertad para apoyar a las familias de militares, combatir la obesidad infantil (una temática que, a pesar de que las tasas se habían triplicado durante los veinte años previos a la presidencia de su esposo, sabía que "sería despreciada como una especie de toque de sacrificio en el béisbol"), y mejorar la educación de todo Estados Unidos, en particular de las niñas más carenciadas. "Los niños nos están observando —ha señalado—. Son influenciados por las personas que admiran, y eso nos hace querer vivir bien, hacer el bien y ser justos. Cada día. Así, jamás decepcionaremos a esos niños y ellos tendrán a qué aferrarse; así, sabrán que, como digo todo el tiempo, yo puedo *hacerlo*. Tú puedes *hacerlo*".

KANNO SUGAKO

SANTA PROTECTORA DE LAS RADICALES

NACIDA EN 1881 EN JAPÓN

Día festivo: 24 de enero

¡Arriba, mujeres! ¡Despiértense! Así como en la lucha de los trabajadores que se organizan en contra de los capitalistas para quebrar el sistema de clases, no alcanzaremos fácilmente la libertad y la igualdad con los hombres que exigimos solo porque así lo deseemos; no las alcanzaremos a menos que nos hagamos escuchar y se derrame sangre.

—KANNO SUGAKO

Primero, usó sus propias palabras. Kanno Sugako —"Suga" para los amigos—, hija de un minero y nacida en Osaka, dirigió el periódico local luego de que fuera arrestado el editor anterior. "Las mujeres en Japón viven en situación de esclavitud", escribió. "Siempre se nos ha considerado una forma de propiedad material". Cuando el gobierno intentó cerrar ese periódico, Suga fundó otros. En 1908, participó en un mitin socialista-anarquista y vio cómo encarcelaban a sus líderes. La protesta había sido pacífica; la policía golpeó a sus amigos. Fue entonces que Suga sintió la necesidad de "un acto de violencia que sacuda al país entero y haga temblar sus bases simbólicas". Cuando, en 1910, se descubrió la conspiración para asesinar al emperador Meiji, se llevó a juicio a veintiséis anarquistas; Suga era la única mujer entre ellos. "Moriré sin lloriquear. Este es mi destino", dijo en la declaración final ante el tribunal. "Moriré como una de las víctimas sacrificiales. No me arrepiento de nada". En el diario íntimo que llevaba antes de su ejecución en la horca, queda claro que nunca perdió ese espíritu: "Si pudiese regresar como un fantasma, habría tantas personas a las que me gustaría aterrorizar, comenzando por el juez de la Cámara de Casación. Sería maravilloso atemorizarlos por completo y humillarlos".

VIRGINIA WOOLF

SANTA PROTECTORA DE LAS ESCRITORAS
NACIDA EN 1882 EN INGLATERRA
Día festivo: 25 de enero

Una fría mañana de octubre en "Oxbridge", una mujer atraviesa el césped. Está entusiasmada con una idea y sumergida en sus pensamientos. Un hombre la detiene: solo los estudiantes de la universidad pueden caminar sobre el césped; las mujeres deben usar el camino de grava. La mujer obedece y el hombre se aleja. Es solo un instante, pero la joven ha perdido el hilo de su pensamiento. Se dirige a la biblioteca del campus con la intención de ver un manuscrito de Thackeray. Sin embargo, cuando abre la puerta de la biblioteca, se encuentra con otro hombre: no se admiten mujeres sin acompañante. Fue esta serie de negativas la que inspiraría y daría comienzo a *Un cuarto propio*, el movilizador texto feminista que abordó dos "problemáticas sin resolver": las mujeres y la ficción. Virginia Woolf, dueña y administradora de la editorial Hogarth Press junto a su esposo, Leonard, sabía que tenía un privilegio único al ser una mujer con libertad artística. "Soy la única mujer de Inglaterra que es libre de escribir lo que quiere", señaló. La batalla más dura para Woolf fue contra su propia mente, contra la enfermedad mental que posteriormente la llevaría a quitarse la vida antes de los sesenta años. "Creo que no podemos estar seguros de qué fue lo que 'causó' la enfermedad mental de Virginia Woolf", escribió la biógrafa Hermione Lee. "Solo podemos ver lo que la enfermedad le hizo y lo que ella hizo con su enfermedad. Lo que está claro es lo cerca que estuvo toda la vida de un aterrador abismo y cómo creó un lenguaje para enfrentarlo y sacarle provecho". Sus diarios íntimos revelan un espíritu incansablemente comprometido. En un texto de 1927, mientras trabajaba en *Al faro*, Woolf escribió: "Mi cerebro está ferozmente activo. Quiero atacar mis libros como si fuese consciente del paso del tiempo; del envejecimiento y la muerte".

OPRAH

SANTA PROTECTORA DE CADA HOGAR
NACIDA EN 1954 EN ESTADOS UNIDOS
Día festivo: 29 de enero

El show de Oprah Winfrey era el programa número uno de entrevistas en Estados Unidos, con un promedio de 12,6 millones de espectadores cada día de semana, cuando la conductora estrella de treinta y siete años interrumpió la grabación para volar hacia el este, rumbo a Capitol Hill. Allí, declaró ante el Comité Judicial del Senado respecto de la creación de una base de datos nacional de los condenados por abuso de menores. "Me comprometo a usar todo lo que esté a mi alcance para seguir hasta ver esta ley aprobada", dijo al comité. "Tengo la intención de hacer de esto mi segunda carrera". En efecto, ella misma había contratado a un abogado para elaborar un plan para dicho registro. Se ha hecho mucho gracias a la enorme riqueza de Winfrey y también gracias a su generosidad (y la afición que tiene por enviar a sus espectadores de vuelta a casa en automóvil en forma gratuita), pero esta era una causa muy significativa a nivel personal. La propia Winfrey es una sobreviviente de abuso sexual infantil; fue violada en varias ocasiones, desde que tenía nueve años, por un tío, un primo y un amigo de la familia. Es algo de lo que habló abiertamente en su programa, lo cual dio inicio a un nuevo formato de confesión único. Conectaba con la audiencia porque conocía a las personas, y les permitía a ellas conocerla. Luego de la declaración de Winfrey en Washington, D.C., el presidente del comité, y futuro vicepresidente, Joe Biden le dijo: "Espero ansioso su anuncio como candidata para un cargo público". En 1993, dos años después de la declaración de Oprah, y treinta años después de la primera vez que la violaron, el presidente Clinton firmó la Ley Nacional de Protección Infantil, que llamaron "Ley Oprah".

DEL MARTIN Y PHYLLIS LYON

SANTAS PROTECTORAS DEL MATRIMONIO
NACIDAS EN 1921 Y 1924 EN ESTADOS UNIDOS
Día festivo: 12 de febrero

Jamás habríamos logrado el matrimonio igualitario en California
si no fuese por Del y Phyllis.

—Nancy Pelosi

La primera vez que Dorothy "Del" Martin y Phyllis Lyon se casaron fue el 12 de febrero de 2004. Fue el primer casamiento entre personas del mismo sexo en San Francisco, autorizado por orden del alcalde Garvin Newsom. Luego de seis meses, la Corte Suprema de California anuló la unión.

La segunda vez que Martin y Lyon se casaron fue cuatro años después, luego de que el tribunal revocara el fallo y, de esa manera, legalizara el matrimonio homosexual en California. Ambas vistieron los mismos trajes que habían usado en la primera boda. Una vez más, eran las primeras en la fila.

Para ese entonces, habían sido pareja durante cincuenta y seis años. Juntas, habían fundado Hijas de Bilitis, la primera organización política en Estados Unidos para lesbianas, y editado *The Ladder*, la primera revista lésbica distribuida a nivel nacional. "Estábamos luchando contra la Iglesia, el diván y los tribunales", recordaba Martin. "Jamás se ha logrado nada escondiéndose en un rincón oscuro. ¿Por qué no dejamos de lado la reclusión y la cambiamos por la tradición que espera a toda mujer estadounidense de sangre caliente que se atreva a reivindicarla?". Su segundo matrimonio duró solo dos meses; Martin falleció en agosto de 2008. "Estoy devastada —declaró Lyon—, pero me consuela saber que pudimos disfrutar el máximo rito de amor y compromiso antes de que muriera". Siete años después, cuando la Corte Suprema de Estados Unidos declaró legal el matrimonio igualitario en todo el país, Lyon, con noventa años, dijo: "Bueno, ¿qué les parece?". Reía y reía. "Por el amor de Dios".

FORUGH FARROKHZAD

SANTA PROTECTORA DE LAS VOCES LIBRES
NACIDA EN 1935 EN IRÁN
Día festivo: 13 de febrero

Era divorciada y escribía sobre las alegrías del sexo ("un pecado lleno de placer"). Era una mujer iraní y escribía acerca de la represión que eso conllevaba ("Busca tus derechos, hermana"). Compraba papel barato al por mayor para escribir miles de versos que jamás publicó. Con los que efectivamente publicó se ganó la reputación de ser considerada la Sylvia Plath de Irán. "Nunca la vi en un estado que no fuera productivo; ella era así", dijo el cineasta Ebrahim Golestan, su ex amante, cincuenta años después de su prematura muerte (un accidente automovilístico cuando tenía treinta y dos años). Farrokhzad describía su poesía como "una necesidad vital, una necesidad al mismo nivel que comer y descansar, algo parecido a respirar". Nació en Teherán, viajó a Europa para "ser mujer; es decir, 'un ser humano'". Pero siempre regresaba. Al momento de su muerte, planeaba interpretar el papel principal de la traducción persa de *Santa Juana*, de George Bernard Shaw, en Teherán. "Amo nuestra Teherán, a pesar de todo", escribió. "La amo y es solo allí donde mi vida encuentra un propósito y una razón de ser [...] Esos atardeceres pesados, esas calles de tierra y esas personas miserables, peligrosas y corruptas que amo".

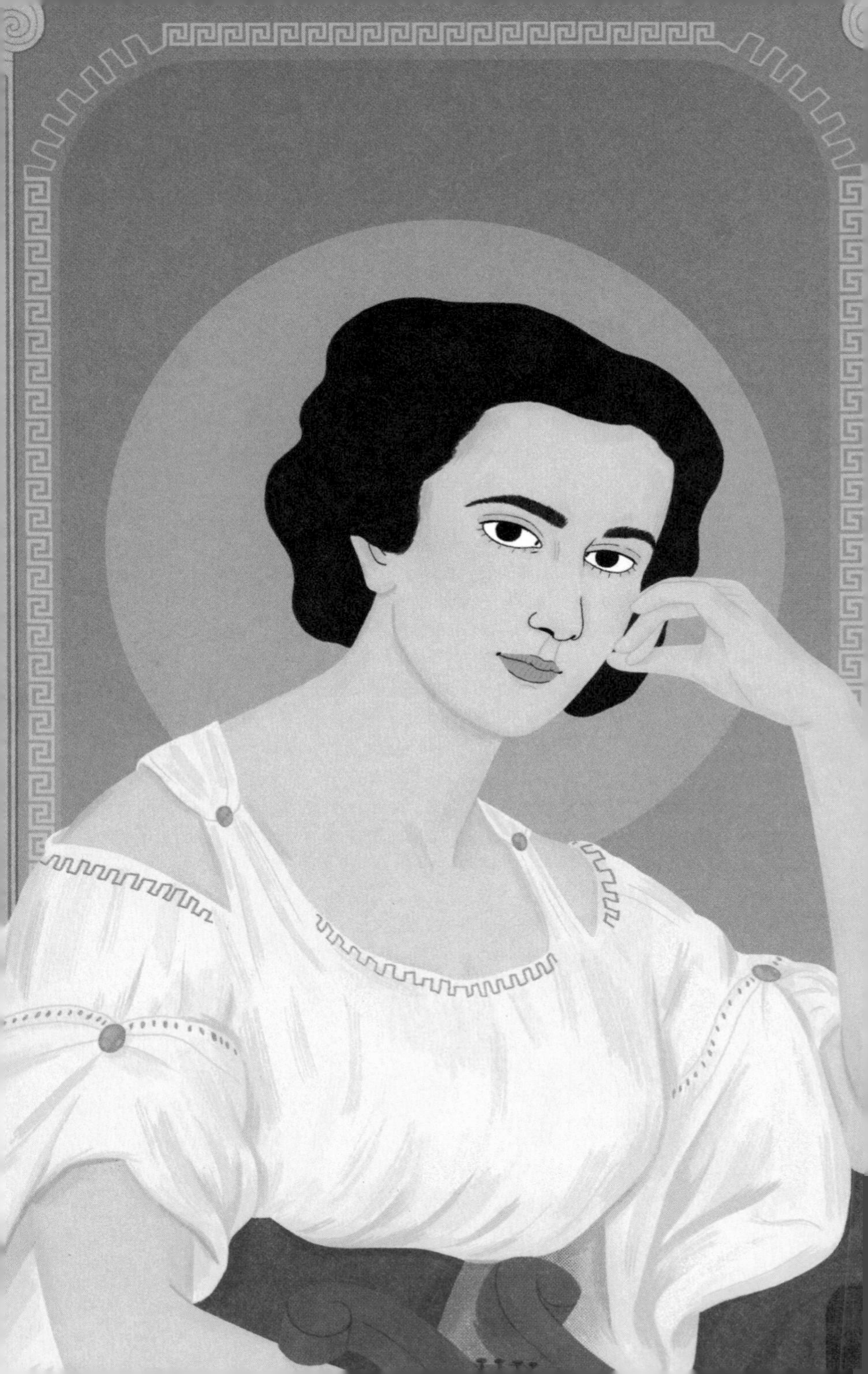

SAFO

SANTA PROTECTORA DE LAS AMANTES

NACIDA EN 630 A.C. EN GRECIA

Día festivo: 14 de febrero

Me parece que es igual a los dioses
el hombre aquel que frente a ti se sienta.

—SAFO

Platón la consideraba su "décima musa". La iglesia primitiva la declaró "una ramera enloquecida por el sexo que canta sobre su propia promiscuidad". Aunque hoy en día solo sobreviva una fracción de la poesía lírica de Safo, es imposible sobreestimar su importancia, tanto entonces como ahora. En el año 300 a.c., el rey Seleuco I mandó llamar a un doctor para diagnosticar a su hijo, el príncipe Antíoco. Los latidos del corazón del joven Antíoco eran irregulares; este se desmayaba, y su piel perdía el color repentinamente. Notaron que su condición se hacía evidente solo en presencia de la madrastra, Estratónice. Entonces, el doctor concluyó que Antíoco sufría de un capricho erótico —porque los síntomas eran "tal como los describía Safo"— y Seleuco se divorció de su esposa, para que su hijo se casara con ella. En la actualidad, Safo, que escribía sobre hombres y mujeres que se amaban, se ha convertido en un ícono para las lesbianas, con la declaración de la filósofa y teórica de género Judith Butler de cuando era una adolescente *queer*: "Hasta donde yo sabía, éramos solo yo y una mujer llamada Safo".

 BARBARA JORDAN

SANTA PROTECTORA DE LA CONSTITUCIÓN
NACIDA EN 1936 EN ESTADOS UNIDOS
Día festivo: 21 de febrero

Tu madre viaja en autobús desde Houston hasta Washington, D.C., para verte jurar. La primera mujer, la primera afroamericana elegida para el Congreso como representante de Texas. El periódico *The Washington Post* luego te llamaría "la primera mujer negra que todo". El día de la jura, te vistes de negro, con una orquídea blanca. Esto se convierte en una clase de uniforme para ti, negro con blanco. No te importa llamar la atención. De todas maneras, te destacarás. Por tu piel, por tu sexo —la mayoría de las otras mujeres del Congreso fueron elegidas para completar los mandatos de sus esposos—, por tu gran tamaño. Los lobistas susurran en los pasillos: "Así podría ser Dios, si Dios resultara ser una mujer negra". Tu oficina privada está lejos del recinto de la Cámara, así que improvisas una oficina allí mismo en una de las hileras de asientos, justo al lado del pasillo central, a la vista del funcionario que preside. Estás aquí para hacer que se hagan las cosas, para usar tu voz, que es elocuente y fuerte. Como presidenta de la Comisión de Reforma Migratoria, eres una ferviente defensora del derecho a la ciudadanía por nacimiento. "De alguna manera, durante muchos años sentí que George Washington y Alexander Hamilton me habían dejado fuera por error", dices. "Pero mediante el proceso de enmiendas, interpretaciones y fallos judiciales, finalmente logré que me incluyan en el 'Nosotros, el pueblo'". Llevas una copia de la Constitución en la cartera.

 HARRIET TUBMAN

SANTA PROTECTORA DE LA LIBERTAD
NACIDA APROXIMADAMENTE EN 1822 EN ESTADOS UNIDOS
Día festivo: 10 de marzo

Se sabe mucho y poco de esta mujer cuya imagen aún podría desplazar al presidente Andrew Jackson del billete de veinte dólares. Es un ícono estadounidense de proporciones casi míticas, aunque no podamos asegurar en qué año nació. Su nombre ha quedado relacionado inextricablemente con el ferrocarril subterráneo y con los esclavos que contrabandeaba para liberarlos. (Ella misma había sido esclava y se la conocía como "la Moisés de su pueblo"). Se la reconoce un poco menos por sus contribuciones al Ejército de la Unión durante la Guerra Civil. En junio de 1863 —cuando tenía unos cuarenta años— Tubman se convirtió en la primera mujer en liderar un ataque armado durante esa guerra. La redada del río Combahee, liderada por Tubman y por el coronel del Ejército de la Unión James Montgomery, y recordada por el periódico *The New York Times* como "posiblemente la escena más hermosa que se ha registrado en una guerra", hizo posible el escape de más de setecientos hombres, mujeres y niños, la liberación más grande de esclavos en la historia de Estados Unidos. Tubman, que vivió hasta 1913, es aún menos conocida por las contribuciones que hizo en la última etapa de su vida a la causa por los derechos de la mujer; según un biógrafo, se convirtió en "una gran vieja dama en el circuito del sufragio". Cuando le preguntaron, en algún momento posterior a la Guerra Civil, si creía que las mujeres debían tener el derecho a votar, Tubman contestó: "Sufrí lo suficiente para creerlo".

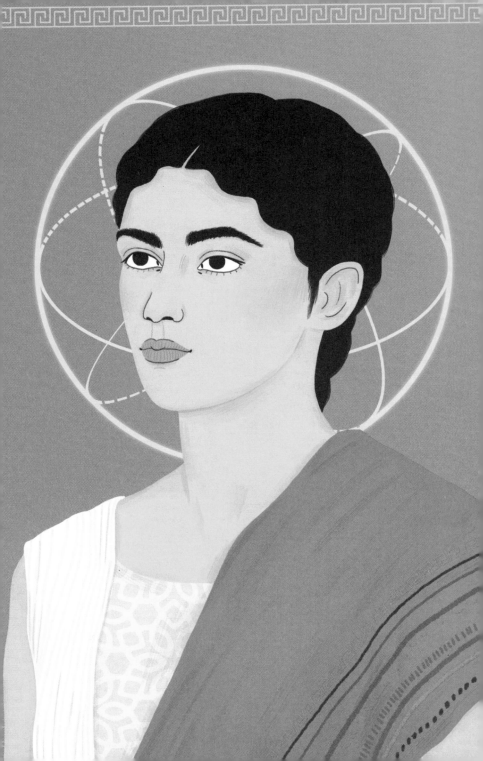

HIPATIA DE ALEJANDRÍA

SANTA PROTECTORA DE LAS ESTUDIOSAS
NACIDA EN 355 EN EGIPTO
Día festivo: 14 de marzo

Veía la Sra. Swann —majestuosa, sonriente y magnánima, mientras avanzaba por la avenida del Bois, como Hipatia, bajo el lento paso de sus pies— girar los mundos.
—MARCEL PROUST

La vida de la matemática y filósofa Hipatia está tan llena de misterio que corremos el riesgo de creer saberlo todo, de llenar los espacios vacíos como nos conviene. Sus escritos no sobrevivieron, pero podemos decir con certeza que Hipatia daba clases de geometría avanzada y de astronomía (incluso enseñaba a construir un astrolabio, un instrumento de cálculo astronómico que se usó hasta el siglo XIX). Como filósofa, perteneció a la escuela del neoplatonismo y tuvo una gran influencia entre los miembros paganos de la élite intelectual de Alejandría. Pero sabemos mucho más de su muerte que de su vida. Cirilo, el patriarca cristiano de Alejandría, ordenó la expulsión de los judíos de la ciudad, e Hipatia fue uno de los miembros más prominentes de la oposición. Después de un día de clases en la universidad, fue secuestrada por una multitud de monjes cristianos, quienes la desnudaron y la golpearon en una iglesia, y le arrancaron la piel con trozos de cerámica rota. Luego, arrastraron el cuerpo fuera de la ciudad y lo quemaron. La universidad y los templos paganos fueron destruidos poco después. La novela del escritor inglés Charles Kingsley, publicada en 1853 y basada en esta historia, nos permite tomar conciencia de cuánto queremos que Hipatia sea una heroína ideal. Kingsley describe cómo "por un momento logró ponerse de pie, erguida, desnuda, blanca como la nieve en contraste con la oscura masa a su alrededor; había vergüenza e indignación en esos grandes ojos claros, pero ni una pizca de miedo": la cima del martirio. Pero la contribución de Hipatia a la historia no solo fue a través de su muerte. Tal como lo señaló un historiador, el asesinato de Hipatia "marcó la caída de la vida intelectual en Alejandría". (Más tarde, Cirilo fue canonizado).

 YAYOI KUSAMA

SANTA PROTECTORA DE LAS VISIONARIAS
NACIDA EN 1929 EN JAPÓN
Día festivo: 22 de marzo

Las visiones comenzaron durante la niñez: las flores le hablaban, el suelo desaparecía. No ayudaba que la madre fuera agresiva y que el padre estuviese inmerso en relaciones amorosas, ni tampoco que, con trece años, la enviaran a una fábrica militar durante la Segunda Guerra Mundial. Para Yayoi, el arte se convirtió en una manera de controlar sus visiones y de concretarlas. "Cubría una lona con redes y las seguía pintando sobre la mesa, sobre el suelo y finalmente sobre mi cuerpo. [...] Me olvidaba de mí misma a medida que me envolvían". La experiencia se hace eco en la ampliamente conocida *Obliteration Room* [La sala de destrucción], en la que los visitantes ingresan en una habitación blanca y se los invita a cubrir las superficies con calcomanías de lunares de distintos colores. En nuestra era de las redes sociales, los usuarios de Instagram responden enérgicamente al tono psicodélico y en apariencia alegre de los ambientes envolventes de Kusama. Durante la primera semana de su retrospectiva en el museo Hirshhorn, en Washington, D.C., un visitante tropezó y rompió una escultura al intentar tomarse una autofoto. Por la misma época, el periódico *The Washington Post* informó: "La autofoto de Kusama se está convirtiendo en un cliché visual". Pero estas publicaciones dejan de lado el trasfondo oscuro de la obra. Aunque Kusama sea una de las artistas femeninas contemporáneas más ricas, desde la década de 1970 vive por voluntad propia en un hospital psiquiátrico de Tokio. "Al trasladar mis alucinaciones y el miedo que me generan a mis cuadros, intentaba curar mi enfermedad", dice. Ahora, con más de ochenta años, aún se refiere a sí misma como "aspirante": "Cuando era niña, me costó mucho convencer a mi madre de que quería ser una artista. ¿Es realmente cierto que soy famosa y exitosa?".

 EMMY NOETHER

SANTA PROTECTORA DE LA SIMETRÍA

NACIDA EN 1882 EN ALEMANIA

Día festivo: 23 de marzo

A pesar de su evidente talento para las matemáticas, a Emmy Noether no le permitieron inscribirse como estudiante de la University of Erlangen, en Alemania; el Consejo Académico de la universidad dictaminó que las clases mixtas "acabarían con el orden académico". En su lugar, Noether asistía como oyente a las clases, con el permiso especial de los profesores, hasta que logró obtener su título de doctorado. Sus conocimientos siguieron aumentando desde entonces. El teorema más famoso de Noether, publicado en 1918, demostró de una manera brillante que las leyes de la física se mantienen iguales sin importar cuándo se las aplique: la energía total del universo se conservará pase lo que pase. Una pelota que se lanza al aire hoy se comportará igual si la lanzan mañana. A cada simetría que se puede diferenciar le corresponde una ley de conservación. A pesar de que su teorema abordara una problemática central de la teoría general de la relatividad de Albert Einstein, al buscar trabajo se enfrentó a la misma discriminación como la que había sufrido en la universidad cuando era aspirante a estudiante. Un miembro de la facultad se quejó: "¿Qué pensarán nuestros soldados cuando regresen a la universidad y descubran que les pedimos que aprendan a los pies de una mujer?". Las cosas se pusieron más difíciles cuando, por ser judía, debió abandonar Alemania en 1933. Recién hacia el final de su vida, con ayuda de Albert Einstein, logró ingresar a una facultad, Bryn Mawr College, una universidad femenina ubicada en Pennsylvania. De acuerdo con una reciente encuesta llevada a cabo en la Drexel University, muy pocos estudiantes han oído hablar de Noether y a aquellos que conocen su nombre les resulta difícil recordar qué es lo que hizo exactamente, un legado decepcionante para ser la mujer a la cual Einstein describió como "la genia matemática creativa más importante que haya existido hasta el momento, desde que comenzó la educación superior para las mujeres".

GLORIA STEINEM

SANTA PROTECTORA DE LA SORORIDAD

NACIDA EN 1934 EN ESTADOS UNIDOS

Día festivo: 25 de marzo

"Solía tener una postal en la pared de *Ms.* Era como poesía; tenía todo. Decía: 'Ahora que leí su revista, estoy segura de que usted es comunista, lesbiana, una tortillera de cabello largo, una bruja y una puta que sale con negroides'. Y luego el final: 'Típico de judía'. Asumían que era judía porque creían que el feminismo era un plan judío para dividir a la familia cristiana".

En efecto, el padre de Gloria Steinem era judío; la abuela paterna, Pauline, ayudó a escapar a muchos judíos de Alemania en la década de 1930 y también era miembro vocal de la Asociación Nacional por el Sufragio de la Mujer. Entonces, Steinem llevaba el activismo en la sangre, aunque diga que no se convirtió en una "feminista activa" hasta sus treinta y tantos, cuando, en 1969, fue a cubrir una manifestación por el aborto para la revista *New York*. "Había algo —señaló— en ver a mujeres contar la verdad sobre sus vidas en público y en ver cómo tomaban en serio algo que solo les ocurre a las mujeres. En mi experiencia, solo se tomaban en serio las cosas si también les ocurrían a los hombres. Esto me ayudó a entender lo que me había pasado a mí: tuve un aborto y nunca se lo había contado a nadie. Fue uno de esos momentos en los que te preguntas: '¿Por qué? ¿Quién lo dijo?'". Tres años después, la revista *Ms.*, creación de Steinem, lanzó su primer ejemplar. A lo largo de dos páginas, en una tipografía grande y en negrita, se leían las palabras: "Nosotras hemos abortado". Estaba firmado por cincuenta y tres mujeres que se habían hecho abortos o que apoyaban a quienes lo habían hecho; entre ellas se encontraban Billie Jean King, Anaïs Nin, Grace Paley, Susan Sontag y la propia fundadora de *Ms.*

 SANDRA DAY O'CONNOR

SANTA PROTECTORA DE LA JUSTICIA
NACIDA EN 1930 EN ESTADOS UNIDOS
Día festivo: 26 de marzo

Al editor:
Encontré el siguiente párrafo en la sección "Temas" de la página del editorial del 29 de septiembre:
"¿Acaso hay algún nombre de Washington exento de abreviatura? Uno, quizá. El primer magistrado, responsable de ejercer las leyes, en ocasiones es llamado POTUS [iniciales en inglés de presidente de Estados Unidos]. Los nueve hombres que las interpretan suelen ser la SCOTUS [iniciales en inglés de Corte Suprema de Estados Unidos]. Quienes las promulgan siguen siendo, para bien o para mal, el Congreso".
Según la información con la que cuento, y que había asumido que en general era pública, ya hace dos años que la SCOTUS no está conformada por nueve hombres. Si tiene alguna información que lo contradiga, le agradeceré que la envíe, ya que estoy segura de que el POTUS, la SCOTUS y quien suscribe (la FWOTSC) [iniciales en inglés de primera mujer de la Corte Suprema] estarán muy interesados en verla.

Esta carta se publicó en el periódico *The New York Times* en octubre de 1983. La llamada FWOTSC —la primera mujer de la Corte Suprema— era la jueza Sandra Day O'Connor, nombrada en 1981. La trayectoria en ascenso de O'Connor fue extraordinaria. Luego de graduarse en la Escuela de Derecho de Stanford, se encontró con que ningún estudio jurídico la entrevistaría. "Me decían: 'No contratamos mujeres', y eso me sorprendió", recordaba. Declaró que estuvo igual de sorprendida cuando se enteró de su nominación para la Corte Suprema, casi treinta años después. O'Connor se convirtió en una jueza impredecible: la conservadora que ratificó el caso *Roe v. Wade*. Las dificultades que había atravesado como mujer desde el principio garantizaban que no se olvidaría de la importancia de su rol. (Eso y la ausencia de un baño de mujeres cerca del tribunal). "Se volvió muy importante que yo ejerciera mi cargo de manera que no les diese razones ni causas para dejar de incorporar mujeres en el futuro".

WANGARI MAATHAI

SANTA PROTECTORA DE LA SOSTENIBILIDAD
NACIDA EN 1940 EN KENIA
Día festivo: 1 de abril

Lo explicaba así: Imaginen un país como una banqueta de tres patas. Una pata representa la democracia, un buen gobierno que respeta a la humanidad. La otra representa la paz. La última pata representa la responsabilidad, el cuidado de nuestros recursos naturales. Sin esas tres patas, la base se vuelve inestable y la banqueta se cae. El problema, decía, es que la banqueta en general se construye sobre dos patas y se olvidan de la tercera. "No tenemos un gran sentido de compromiso ni una distribución equitativa de los recursos. El deseo de consumir [...] parece dejar atrás el sentido de la responsabilidad por nuestro estilo de vida con un consumo intensivo de recursos".

Wangari Maathai dedicó su vida a intentar corregir este desequilibrio. Comenzó en su país natal, Kenia, donde observó cómo las mujeres de las zonas rurales luchaban día a día para cubrir las necesidades básicas: agua, alimento y un ingreso. "Me di cuenta de que hay actividades muy graves, como la deforestación y la pérdida de suelos, que estaban destruyendo gradualmente el medio ambiente y empobreciendo a estas mujeres", recordaba. Y entonces comenzó a plantar árboles. Con la organización comunitaria que fundó en 1997, el Movimiento Cinturón Verde, plantó cincuenta millones de árboles. Durante el proceso, este movimiento capacitó a treinta mil mujeres en silvicultura y en el procesamiento de alimentos, lo que les permitió tener su propio ingreso. En 2004, siete años antes de morir, Maathai recibió el Premio Nobel de la Paz por su trabajo, y así se convirtió en la primera mujer africana en obtenerlo. "Durante treinta años trabajé paso a paso y la verdad es que no creí que alguien me estuviera prestando atención. [...] Y de repente, el comité noruego del Nobel de la Paz me dice: 'Usted es quien ha estado buscando el equilibrio correcto'", dijo. "Debemos continuar con ese mensaje con más fuerza, e incluso con mayor convicción hasta que ganemos. Porque somos nosotros los que estamos en el camino correcto".

MAYA ANGELOU

SANTA PROTECTORA DE LAS NARRADORAS
NACIDA EN 1928 EN ESTADOS UNIDOS
Día festivo: 4 de abril

"En épocas de conflictos y estrés extremo, solía recluirme en el mutismo. El mutismo es muy adictivo. Y no creo que sus efectos se vayan nunca". Es de sorprender que lo admita una mujer que a sus cuarenta años ya había vivido en Egipto, Ghana y a lo largo y ancho de Estados Unidos; que ya había trabajado de bailarina profesional, prostituta, activista, cantante y profesora, y que se convertiría en una escritora prolífica.

Traumas infantiles severos desencadenaron el mutismo de Maya Angelou cuando tenía ocho años: la habían violado y, luego de que ella testificara ante el tribunal, asesinaron violentamente a su violador. Tardó cerca de cinco años en salir del mutismo, pero su oscura atracción nunca la abandonó. "Siempre está allí diciendo: 'Puedes volver a mí. No tienes que hacer nada; solo deja de hablar'". Angelou se resistió a ese deseo. A los cuarenta y un años, publicó su primer libro, el más conocido, *Yo sé por qué canta el pájaro enjaulado*, que narra la historia de ese trauma de su infancia. Continuaría contando historias en obras de teatro, poemas, autobiografías, y álbumes y libros recitados para niños, el resto de su vida. "Un escritor tiene que tomar los objetos que más usa y más conoce —sustantivos, pronombres, verbos y adverbios—, formar con ellos una pelota y hacerla rebotar, girarlos en cierto sentido y hacer que las personas entren en un estado romántico; y en otro sentido, llevarlas a un estado belicoso", dijo a los setenta y cinco años. "Estoy muy feliz de ser escritora".

KITTY CONE

SANTA PROTECTORA DE TODOS LOS CUERPOS
NACIDA EN 1944 EN ESTADOS UNIDOS
Día festivo: 7 de abril

Kitty Cone pasó los primeros quince años de su vida sin saber qué ocurría con su cuerpo. Le costaba moverse; una maestra de la escuela observó que caminaba en puntas de pie. Como era hija de un militar, Cone tenía derecho a recibir tratamientos gratuitos en hospitales militares, pero el cuidado allí solía ser pobre. "Era como un plan de mantenimiento de la salud, pero peor —bromeó más adelante—. No sabían cuál era mi discapacidad". Soportó varios diagnósticos erróneos y cirugías dolorosas antes de que un doctor pronunciara las palabras "distrofia muscular", sin embargo, ponerle nombre a su enfermedad no disminuyó las barreras con las que se enfrentaba ni detuvo la discriminación que sufría una mujer en silla de ruedas. Más adelante, otro doctor la convenció de esterilizarse, prescindiendo del tiempo de espera habitual que la mayoría de las mujeres sin discapacidad deberían esperar antes de dicho procedimiento. "Claramente había una doble moral, y yo estaba destinada a ser esterilizada", dijo. En 1977, Cone fue a San Francisco para ayudar a organizar una sentada de veintiocho días en un edificio federal, y allí dormía en el suelo del armario de una sala de conferencias. "Tenían que darme vuelta a la noche —contó—. Recuerdo que devoraba somníferos para sobrellevar el dolor". La sentada llevó a la implementación de la Sección 504 de la Ley de Rehabilitación, la primera ley estadounidense de derechos civiles para personas con discapacidades. Cone se quedó cerca de la zona de la bahía, trabajando en el Centro de Vida Independiente de Berkeley, donde luchó para que el transporte público fuera accesible para discapacitados, y por rampas de acceso. Cuando las agencias de adopción de Estados Unidos la declararon incapaz de criar a un niño, viajó a Tijuana, en México, para adoptar un hijo. Cone tenía quince años cuando el doctor que identificó su distrofia muscular predijo que no viviría hasta los veinte. Murió el 21 de marzo de 2015 a los setenta años. "Amo lo que hice con mi vida", dijo.

VICTORIA OCAMPO

"Nuestro peso ya no compra lo que solía comprar", escribió alguna vez Victoria Ocampo en el periódico *The New York Times.* Pero, al fin y al cabo, Ocampo jamás fue conocida por tener gustos modestos. Como invitada del gobierno británico en 1940, gastó el equivalente a 50.000 dólares de hoy en un período de ocho semanas: Es difícil criticar a Ocampo por haber nacido en una clase privilegiada, considerando el buen uso que le dio a ese privilegio. La casa de Ocampo en San Isidro —actualmente un centro cultural abierto al público— se convirtió en un punto de encuentro para artistas e intelectuales en la Argentina. "Cuando Victoria quería que fuésemos a San Isidro, no nos invitaba: *she summoned us* [nos citaba]", escribió Jorge Luis Borges. En 1931, Ocampo usó sus recursos y contactos para fundar *Sur*, la revista literaria más importante de la Argentina, y también una editorial, con el objetivo de llevar obras norteamericanas y europeas a su país. Ocampo publicó obras de Jean-Paul Sartre y Albert Camus, Richard Wright y Aldous Huxley, Marcel Proust y Samuel Beckett, solo por nombrar algunos. Entre 1935 y 1936, *Sur* publicó en entregas la traducción de Jorge Luis Borges de *Un cuarto propio*, de Virginia Woolf, más de una década antes de que la Argentina promulgara el sufragio femenino. Ocampo había creado, en palabras de John King, académico especializado en historia cultural latinoamericana, "una editorial propia". En 1970, en la última edición regular de la revista, Ocampo reconoció que la publicación no era solo de ella: "*Sur* me ha pertenecido y pertenece materialmente. En lo espiritual ha sido compartida con un grupo de escritores". Tenía ochenta años.

DOLORES HUERTA

SANTA PROTECTORA DE LAS TRABAJADORAS
NACIDA EN 1930 EN ESTADOS UNIDOS
Día festivo: 10 de abril

Divorciada y con tres hijos, Alicia Chávez Fernández tenía dos trabajos para mantener a flote a su familia. De día trabajaba como camarera, y de noche, en una fábrica de conservas. Cuando se casó con su segundo esposo, Alicia pudo comprar un hotel de setenta habitaciones en Stockton, California. Allí fue donde creció su hija Dolores. El hotel se encontraba en un barrio de la clase obrera, y la madre de Dolores hospedaba a trabajadores mal remunerados y les cobraba tarifas reducidas, y en ocasiones incluso no les cobraba. Esa no fue la única lección que aprendió Huerta. "Mi madre, por supuesto, me apoyaba mucho cuando era joven —recordaba—, y siempre me animó a estar al frente, a decir lo que creía, a involucrarme, a ser activa". El activismo de Huerta llamó la atención a nivel nacional por primera vez en la década de 1960, cuando junto a César Chávez fundó el sindicato de Trabajadores Agrícolas Unidos y lideró la huelga de uva de Delano, una medida que duró cinco años en contra de los viticultores de California, que unió a trabajadores filipinos y mexicanos. La huelga fue un éxito: los viticultores firmaron sus primeros contratos sindicales, y así se beneficiaron miles de los trabajadores peor pagados del país. Huerta también acuñó el eslogan del sindicato —"Sí, se puede"—, cuya traducción al inglés inspiró el eslogan de campaña del presidente Barack Obama en 2008. "Dolores fue muy amable cuando le conté que le había robado su eslogan", bromeó Obama en 2012, al entregarle la Medalla Presidencial de la Libertad. "Conociéndola, me alegra que me haya perdonado, porque no se juega con Dolores".

RACHEL CARSON

SANTA PROTECTORA DE LAS GENERACIONES FUTURAS
NACIDA EN 1907 EN ESTADOS UNIDOS
Día festivo: 14 de abril

En un simposio de la Fundación Kaiser en San Francisco, en octubre de 1963, Rachel Carson se paró frente a una audiencia de mil quinientas personas y dio un discurso titulado "La contaminación de nuestro medio ambiente". Había sido un año vertiginoso desde la publicación de su libro *Primavera silenciosa*, que había motivado al presidente Kennedy a establecer una comisión para investigar pesticidas y lanzando efectivamente el movimiento ambientalista actual.

Ese año también había sido una vorágine por otras razones. A Carson la habían llenado de invitaciones para dar discursos desde la publicación de *Primavera silenciosa*, pero solo podía aceptar algunas. El dolor era demasiado grande. El cáncer había hecho metástasis, y su cuerpo tenía quemaduras por la radioterapia. Además, la peluca que usaba para salir le daba calor y picazón. Y nadie —en especial sus críticos— podía enterarse de esta enfermedad por miedo a que la utilizaran para cuestionar su objetividad: la afirmación sin precedentes de *Primavera silenciosa* era que los petroquímicos estaban relacionados con el cáncer en los seres humanos. Ese día en San Francisco, Carson hizo hincapié en la urgencia de sus hallazgos. "No nos comportamos como personas guiadas por los conocimientos científicos, sino más bien como la proverbial mala ama de casa que esconde la basura debajo de la alfombra con la intención de sacarla de la vista de todos". "La contaminación de nuestro medio ambiente" sería su último discurso; murió seis meses después. Pero ese día los ojos de Carson estaban enfocados en una vida más allá de los límites de la suya: "La amenaza es infinitamente mayor para las generaciones no nacidas, para aquellos que no tienen voz en las decisiones de hoy, y ese solo hecho hace que nuestra responsabilidad sea enorme".

 LAS HERMANAS BRONTË

SANTAS PROTECTORAS DE LAS SOÑADORAS
NACIDAS EN 1816, 1818 Y 1820 EN INGLATERRA
Día festivo: 15 de abril

Las tres hermanas crecieron sin madre y en la pobreza. Se esperaba que su hermano, Branwell, fuera el genio de la familia, así que las niñas pasaban las tardes leyendo y escribiendo una para la otra, y representando obras de teatro para las cuales ellas eran el único público. Escribían manuscritos con una letra tan pequeña que ningún adulto podía leerlos. (Uno de los libros en miniatura de la joven Charlotte tenía más de sesenta mil palabras). Sin embargo, con el tiempo, tuvieron que abandonar su mundo cerrado para comenzar a trabajar dando clases y como institutrices, empleos que detestaban. Charlotte escribió: "Una institutriz privada no existe, no se la considera un ser vivo y racional, salvo en relación con las pesadas tareas que debe cumplir". Como maestra, Emily dijo a sus alumnos que prefería a la mascota de la escuela antes que a cualquiera de ellos. Anne dejó su cargo de institutriz cuando su descarriado hermano, que había sido contratado como tutor, comenzó una relación nefasta con la señora de la casa. (Sobre el incidente, Anne escribió que estaba "harta de la humanidad y sus modos desagradables). Las hermanas quizás detestaban el trabajo, pero este les dio mucho material. A partir de su experiencia, Anne produjo *Inés Grey*, una novela cuya heroína era una institutriz que deseaba "salir al mundo para actuar por mí misma". *Jane Eyre*, de Charlotte, también presentaba a una institutriz como heroína, mientras que el narrador del clásico de Emily, *Cumbres borrascosas*, es un sirviente. Cuando se publicaron *Inés Grey, Jane Eyre* y *Cumbres Borrascosas* —todos en el mismo año, 1847— las tres obras aparecieron inicialmente bajo pseudónimos masculinos. Poco después de revelar sus identidades a un sorprendido editor, Charlotte lamentó la confesión; aquel mundo privado de invención de las tres hermanas ya no era privado. "¿Qué sería —escribiría luego— de un autor sin la ventaja de poder caminar invisible?".

45

 NINA SIMONE

SANTA PROTECTORA DE LA MÚSICA SOUL
NACIDA EN 1933 EN ESTADOS UNIDOS
Día festivo: 21 de abril

El nombre de esta canción es "Mississippi Goddam" [Maldito Mississippi]
Y cada palabra es cierta.

—NINA SIMONE

Un domingo a la mañana, en septiembre de 1963, se detonó dinamita en la iglesia bautista de la calle 16 en Birmingham, Alabama. La bomba, plantada por supremacistas blancos, estaba programada para que explotara durante las clases de la escuela dominical; murieron cuatro niñas. Fue un momento crucial para el creciente movimiento por los derechos civiles en Estados Unidos, así como para una de sus defensoras más vocales. Nacida con el nombre de Eunice Waymon e hija de un pastor de Carolina del Norte, quería ser concertista de piano. En ese entonces, su música ni siquiera tenía palabras. Pero cuando se convirtió en Nina Simone, "la sacerdotisa del soul", las palabras la encontraron a ella. "Cuando me enteré de la bomba en la iglesia que había asesinado a cuatro niñas negras en Alabama —dijo—, me encerré en una habitación y llegó esa canción". El resultado fue "Mississippi Goddam", un grito arengador a favor del movimiento y una de las canciones de protesta más famosas de Simone.

Todos saben acerca del maldito Mississippi.

NELLIE BLY

SANTA PROTECTORA DE LAS PERIODISTAS
NACIDA EN 1864 EN ESTADOS UNIDOS
Día festivo: 5 de mayo

Una fue internada por su esposo para corregir la debilidad que tenía por otros hombres. A otra le dijeron que ahí era donde enviaban a todos los pobres que habían pedido asistencia. Mil seiscientas mujeres se encontraban cautivas en el hospital psiquiátrico de la isla de Blackwell —"lisiadas, ciegas, viejas, jóvenes, hogareñas y bellas; una masa inconsciente de humanidad"—, y Nellie Bly, una periodista de treinta y tres años que trabajaba encubierta, estaba decidida a documentarlo. A Bly se la recuerda más por su viaje de setenta y dos días alrededor del mundo, una representación en la vida real de la novela de aventuras *La vuelta al mundo en ochenta días*, de Julio Verne; sin embargo, su artículo escrito de manera encubierta "Diez días en un manicomio" fue su primera gran contribución al periodismo. Una vez que sus falsas excentricidades lograron que la internaran, la desnudaron y la hicieron bañarse en agua helada junto con otras pacientes; luego la mandaron a dormir, congelada, sin camisón. Los días eran largos y las noches estaban llenas de gritos. La comida era desagradable —pan viejo y té frío—, y se castigaba a los pacientes si no terminaban su porción. El castigo era habitual y severo. A las mujeres les pegaban o las encerraban en armarios. La experiencia era suficiente para enloquecer a cualquiera. "Cuando pasé por un pabellón de abajo, donde estaban confinadas una multitud de locas indefensas, leí una frase en la pared: 'Mientras viva tengo esperanzas'", escribió Bly en su relato. "Lo absurdo de eso me impresionó mucho. Me habría gustado poner sobre las puertas de entrada del manicomio: 'Aquel que entra aquí deja atrás la esperanza'". Pero la propia Bly generó algo de esperanzas: el artículo que escribió sobre su experiencia condujo a una investigación judicial, un significativo aumento en el presupuesto del Departamento de Caridades Públicas y Correcciones, y un nuevo estándar en el periodismo de investigación.

PHILLIS WHEATLEY

SANTA PROTECTORA DE LAS LECTORAS
NACIDA EN 1753 EN ÁFRICA OCCIDENTAL
Día festivo: 8 de mayo

La primera estadounidense negra en publicar un libro de poemas, y la segunda estadounidense en hacerlo, se llamaba Phillis Wheatley, nombre que no le dieron sus padres sino sus amos. Los Wheatley de Boston la llamaron así en honor al barco de esclavos que la transportó, a los siete años, desde África Occidental. La familia Wheatley, progresistas conocidos, alentaron la educación de la joven Phillis. "Sin recibir educación escolar, y solo con lo que se le enseñó en la familia —escribió John Wheatley—, a dieciséis meses de su llegada, ella adquirió la lengua inglesa, que antes desconocía por completo, a tal nivel que podía leer cualquiera de las partes más difíciles de las escrituras sagradas, para gran sorpresa de quienes la escuchaban". Muchos colonos dudaban de la autenticidad de los talentos de Phillis y, para acallar a los escépticos, ella soportó un examen ante un tribunal. Cuando en 1773 se publicó su colección, *Poems on Various Subjects, Religious and Moral* [Poemas sobre diversos temas religiosos y morales], se convirtió en la africana más famosa del planeta; según Henry Louis Gates, Jr.: "la Oprah Winfrey de su época". Después de un tiempo, obtuvo su libertad y se convirtió en una voz para los colonos mientras se acercaba la revolución estadounidense, con la escritura de poemas tales como "To His Excellency General Washington" [A su excelencia General Washington]. En 1776, Washington la recibió en su oficina general en Cambridge. Sin embargo, a pesar de todo su éxito y aparente patriotismo, Wheatley reconoció la complejidad de su posición, y sus escritos auguraban otra gran guerra, casi a un siglo de distancia. De su poema "On Being Brought from Africa to America" [Sobre ser traídos de África a América]:

Algunos ven nuestra raza azabache con ojos de desprecio,
"Su color tiene un tinte diabólico".
Recuerden, cristianos, los negros, negros como Caín,
pueden ser refinados y unirse al tren angelical.

KATHARINE HEPBURN

SANTA PROTECTORA DE LAS PROTAGONISTAS
NACIDA EN 1907 EN ESTADOS UNIDOS
Día festivo: 12 de mayo

En 1931, visionarios como Lee Strasberg y Stella Adler fundaron en la ciudad de Nueva York un ambicioso colectivo de teatro. Se llamaba el Group Theater, y Katharine Hepburn *no* se encontraba entre sus filas. Ella recordaba haber asistido a una de las sesiones abiertas del grupo: "Pensaba, mientras escuchaba, 'todos van a ser más bien invisibles'. Les dije a todos que sería una gran estrella y me fui". La seguridad en sí misma que tenía Hepburn desde sus inicios era sorprendente (considerando que en varias oportunidades había sido despedida como joven actriz), y fue esa confianza la que se convertiría en su rasgo distintivo y la diferenciaría de las ingenuas de Hollywood. Hepburn representó a mujeres profesionales, abogadas trabajadoras, atletas trabajadoras y periodistas trabajadoras. También actuó como la marimacho Jo en la adaptación al cine de *Mujercitas*, de Louisa May Alcott, y trabajó estrechamente con la directora de la película, Dorothy Arzner, con quien compartía la preferencia por la ropa de hombre. (Cuentan los rumores que cuando la compañía cinematográfica RKO Pictures se opuso a sus pantalones entallados, Hepburn caminó por el estudio en ropa interior). Hepburn tuvo una carrera extraordinariamente extensa, en parte porque no la asustaban los nuevos desafíos. "A lo largo de la vida —escribió en sus memorias—, una aprende que, si no rema su propia canoa, no se mueve". A los sesenta y dos años, protagonizó su primer (y único) musical de Broadway sobre Coco Chanel; más tarde admitió: "Honestamente, no recuerdo haber visto un musical de Broadway entero. Ciertamente, nunca creí que podría cantar en uno". Fue nominada a un premio Tony.

FRANCES PERKINS

SANTA PROTECTORA DE LAS FUNCIONARIAS PÚBLICAS
NACIDA EN 1880 EN ESTADOS UNIDOS
Día festivo: 14 de mayo

P: *¿Qué mujer estadounidense tuvo la peor experiencia de parto?*
R: *Frances Perkins. Tuvo doce años de trabajo de parto.*

Esta es una broma que los guías de turismo a veces cuentan en Washington, D.C. A pesar de que hay cierta ironía en esta broma —Perkins reconoció haber cultivado un aspecto de matrona para ganar la confianza de sus compañeros hombres—, es un decepcionante reconocimiento para la cuarta secretaria de Trabajo en la historia de Estados Unidos y la primera mujer en ocupar un cargo en el gabinete, que así se aseguraba un lugar en la línea de sucesión presidencial. Perkins atribuyó su motivación para entrar a la política al incendio de la fábrica Triangle Shirtwaist de 1911. En una esquina de Greenwich Village, ella y muchos otros presenciaron el incendio de la fábrica que mató a ciento cuarenta y seis trabajadores de la confección, cuyos empleadores mantenían las escaleras y las salidas cerradas; muchos saltaron a la muerte. Para Perkins, la tragedia era parte de un "asalto en curso al orden común". Como respuesta, comenzó a trabajar en el gobierno del Estado de Nueva York, y allí obtuvo el puesto de comisionada del Departamento de Trabajo del Estado. En 1933, aceptó el cargo de secretaria de Trabajo del presidente Franklin Delano Roosevelt, con ciertas condiciones: quería un salario mínimo, una semana laboral de cuarenta horas, subsidios por desempleo y la prohibición del trabajo infantil. Y lo consiguió. Más adelante, Perkins diría que, entre todos sus logros, el mayor había sido la Ley de Seguridad Social. Durante un discurso en la sede central de la Administración de Seguridad Social, a los ochenta y dos años, declaró: "Una cosa que sí sé: la seguridad social está tan firmemente integrada en la psicología estadounidense actual que ningún político [...] podría destruir esta ley y aun así mantener nuestro sistema democrático. Está asegurada. Está asegurada para siempre, y para el beneficio eterno del pueblo de Estados Unidos".

AMELIA EARHART

SANTA PROTECTORA DEL DESPEGUE
NACIDA EN 1897 EN ESTADOS UNIDOS
Día festivo: 20 de mayo

En junio de 1928, Amelia Earhart se convirtió en la primera mujer en realizar un vuelo transatlántico. A pesar de que la felicitaron por el viaje, ella no había piloteado el avión; lo habían hecho dos pilotos hombres. "Fue una gran experiencia, pero lo único que hice fue recostarme boca abajo y tomar fotos de las nubes", dijo al aterrizar. "Era simple equipaje, como una bolsa de papas". En una nota de color, agregó: "Quizás algún día lo intente sola". Seguramente ya sabía que lo haría; hizo el viaje solo cuatro años más tarde, cinco años después del famoso vuelo de Charles Lindbergh. Los periódicos comenzaron a llamarla "Señora Lindy", pero Earhart no era la copia de nadie. De niña trepaba árboles y disparaba a las ratas con un rifle, y tenía un álbum con recortes de revistas y periódicos en los que se mencionaban mujeres exitosas en actividades tradicionalmente masculinas. Sus ambiciones fueron, al principio, amplias, pero siempre altas. Desarraigada con frecuencia a causa de la inestable carrera de su padre, asistió a seis escuelas secundarias en cuatro años; se decía que leía cuatro veces el material requerido por el curso y, en última instancia, se la recordó en el anuario de la escuela secundaria como "la niña de ropa marrón que camina sola". (Se graduó pero no asistió a la ceremonia). Su ambición encontró finalmente en qué enfocarse en una exhibición de vuelo en Toronto, cuando un piloto acrobático, para divertirse un poco, bajó en picada hacia ella y pasó peligrosamente cerca. Earhart ni se movió. "El sentido común me dijo que, si algo salía mal, [...] el avión y yo terminaríamos enrollados y formando una bola juntos". Aun así, afirmó: "Creo que ese pequeño avión rojo me dijo algo al pasar zumbando cerca de mí". Fuera lo que fuera, esas palabras se quedaron con ella toda su vida.

MARY CASSATT

SANTA PROTECTORA DE LO FEMENINO
NACIDA EN 1844 EN ESTADOS UNIDOS
Día festivo: 22 de mayo

*Qué difícil que es encontrar una tarjeta para el Día de la Madre que sea
tan cariñosa como la madre a la que debe honrar. Esta tarjeta de UNICEF
($5) con su grabado de Mary Cassatt, es justamente eso.*

—REVISTA *NEW YORK*, MAYO DE 1985

Mujeres y niños, y mujeres con niños: estos eran los temas distintivos
de la pintora Mary Cassatt, a pesar de que la artista nunca fuera madre.
Cassatt, al igual que su amigo cercano Edgar Degas, jamás se casó y se
dedicó al arte. Para una mujer ese era un camino difícil; respecto de la
carrera que eligió, se dice que su padre le decía: "Antes preferiría verte
muerta". Pero Cassatt no dependía de ningún hombre, y sus temas, a
pesar de ser sin duda femeninos, eran decididamente igual de feministas. Sus mujeres aparecen en momentos tranquilos, mirando a través
de binoculares en la ópera, leyendo el periódico en el jardín o ba-
ñando un niño en casa. En 1892, aceptó un encargo para la Feria Mundial de Chicago del año siguiente, un gran mural que debía representar
el avance de las mujeres a través de la historia. Sin darse cuenta, Degas,
a quien le gustaba elogiarla con palabras como "Ninguna mujer tiene
el derecho de dibujar así", la había animado a aceptar el proyecto.
"Como la sola imagen de semejante cosa enfureció a Degas —escribió—,
me entusiasmé y me prometí no abandonar la idea por nada del
mundo". El trabajo final, *Mujer moderna*, que no ha sobrevivido, era un
tríptico; el panel más grande (*Jóvenes mujeres que arrancan las frutas de la
Sabiduría o la Ciencia*) mostraba una especie de idilio del Jardín del Edén,
repleto de mujeres y sin hombres. "El otro día un amigo estadounidense me preguntó bastante malhumorado: '¿¿Entonces así son las mujeres fuera de sus relaciones con los hombres?!' —escribió—. Le dije que
sí. No tengo dudas de que los hombres están pintados con todo su
vigor en las paredes de otros edificios".

SIMONE DE BEAUVOIR

Cuando Betty Friedan fue a visitar a Simone de Beauvoir en París, sintió "la emoción de conocer en persona a una heroína cultural". A pesar de que el trabajo de De Beauvoir había sido una gran influencia para Friedan, las mujeres no se pusieron de acuerdo. "En cuanto una niña nace —dijo De Beauvoir a Friedan—, se le da la vocación de la maternidad porque, en realidad la sociedad la quiere lavando los platos. [...] Si se la condiciona desde el nacimiento a creer que *debe* tener hijos, a los veinte años ya no tiene opción". Friedan le respondió: "Tú eras la única mujer en un círculo intelectual. La sociedad ha cambiado un poco". Continuó: "¿Es posible que en tu generación [...] pareciera necesario elegir entre una cosa o la otra?". De Beauvoir asintió: "Yo pensaba que no podía tener hijos porque quería escribir. Pero nos estamos alejando del tema".

Los lectores modernos de *El segundo sexo* podrían oponerse, tal como lo hizo Friedan, a parte del extremismo de De Beauvoir: compara al feto con "un parásito" y describe el amor conyugal como "apego, resentimiento, odio, reglas, resignación, pereza e hipocresía". Pero para Friedan era "no importa": "Me inició en un camino por el que seguiré avanzando". Tal como escribió Judith Thurman en su introducción a una nueva traducción: "A una joven feminista, a quien el mismo título podría parecerle tan pintoresco como un bombachudo, quizás le diría que la mejor manera de disfrutar *El segundo sexo* es leerlo con el espíritu con el que se escribió, como una meditación personal profunda y urgente con la esperanza de que, como probablemente descubrirá, aún sea difícil de alcanzar para muchas de nosotras: convertirse, en todo sentido, en la mujer de una misma".

DOROTHEA LANGE

SANTA PROTECTORA DE LAS AUTODIDACTAS
NACIDA EN 1895 EN ESTADOS UNIDOS
Día festivo: 26 de mayo

La lucha contra la poliomielitis durante su infancia la dejó con la pierna derecha lastimada y una cojera que, según dijo: "me formó, me guio, me enseñó, me ayudó y me humilló". Su madre la alentó a convertirse en maestra y le decía que así tendría "en qué apoyarse". "Creo que esa es una frase detestable para una persona joven", señaló más tarde Lange. En cambio, decidió ser fotógrafa, a pesar de que nunca había tenido una cámara: esa parte no le parecía importante; las habilidades vendrían más adelante. Se capacitó trabajando; tomaba fotografías para la Administración de Seguridad Agrícola (FSA, por sus iniciales en inglés) documentando la pobreza rural, a los trabajadores migrantes y a los granjeros desplazados. "Encontramos la forma de acercarnos, escurriéndonos por los bordes. Seguimos nuestras corazonadas", recordaba. Descubrió que la mayoría de las personas querían que se las mirara. "¿Quién nos presta atención de verdad al ciento por ciento? El doctor, el dentista y el fotógrafo". En 1964, un año antes de morir, Lange esperaba armar un nuevo proyecto, similar al que había realizado para la FSA, documentando la pobreza en Estados Unidos. "Si conoces a alguien que tome fotos extraordinarias, avísame", dijo al final de una entrevista. "Haré lo posible —respondió el entrevistador—, y quiero agradecerte...". "No tiene que ser fotógrafo", lo interrumpió para agregar.

ISADORA DUNCAN

SANTA PROTECTORA DEL MOVIMIENTO
NACIDA EN 1877 EN ESTADOS UNIDOS
Día festivo: 27 de mayo

"Arte era todo lo que hacía Isadora", escribió John Dos Passos en su trilogía *USA*. Edith Wharton señaló que la primera vez que vio bailar a Duncan "iluminó todo tipo de belleza". Era difícil saber cómo era el baile de Duncan —no permitía que nadie filmara sus presentaciones—, aunque probablemente ninguna grabación le habría hecho justicia a su presencia. "Tenía la más extraordinaria capacidad en reposo", recordaba el coreógrafo Frederick Ashton. "Se quedaba de pie durante lo que parecía un largo tiempo sin hacer nada, y luego hacía un gesto muy pequeño que parecía lleno de sentido". Ashton tenía solo diecisiete años cuando vio a Duncan presentarse en un teatro de Londres en 1921. Para entonces, Duncan ya tenía más de cuarenta años, estaba gorda, era borracha y se encontraba continuamente en bancarrota. Vivía del otro lado de la tragedia: habían pasado ocho difíciles años desde que el automóvil que llevaba a sus dos hijos pequeños había caído en el Sena y ambos se habían ahogado. Esta había sido la mayor pérdida en una vida plagada de grandes penas y triunfos. Su padre murió en un naufragio; Duncan afirmaba que había desarrollado su indomable danza mientras miraba cómo las olas rompían a lo largo de la orilla. Incluso logró morir notoriamente, cuando su bufanda quedó atrapada en la rueda trasera del automóvil en el que viajaba. Duncan bailaba con la misma locura, la misma libertad con la que vivía. Como solía decir: "Desde el principio solo he bailado mi vida".

⁂ SOJOURNER TRUTH ⁂

SANTA PROTECTORA DE LAS ORADORAS

NACIDA EN 1797 EN ESTADOS UNIDOS

Día festivo: 1 de junio

El hombre es tan egoísta que ha obtenido los derechos
de las mujeres y los propios también.

—Sojourner Truth

No existe ninguna transcripción fiel del discurso más famoso de Sojourner Truth, que pronunció en la Convención sobre los Derechos de la Mujer en Akron, Ohio, en 1851, y que se conoce por su estribillo: "¿Acaso no soy una mujer?". Truth improvisó (no sabía leer ni escribir); en el periódico *Anti-Slavery Bugle* de Ohio, lo definieron como "uno de los discursos más singulares e interesantes" de la convención. "Es imposible —decía el artículo— expresar adecuadamente el efecto que produjo en el público. Eso solo pueden apreciarlo quienes vieron su poderosa forma y sus gestos sinceros y sentidos, y escucharon sus tonos fuertes y honestos". En el futuro, el discurso se reproduciría en un dialecto sureño, aunque en realidad Truth tenía acento holandés, dado que el holandés había sido su lengua materna. A pesar de ser un símbolo de los esclavos emancipados del sur, Truth era de Nueva York. Con el nombre de Isabella Baumfree, había nacido en esclavitud en 1797, cerca del río Hudson y, como Isabella, se escapó a la libertad junto con su hija pequeña luego de que el amo no cumpliera la promesa de emanciparla. "No hui corriendo, porque eso me parecía mal —dijo luego—, sino que me fui caminando, convencida de que eso estaba bien". Recién en 1843, según cuenta el historiador Carleton Mabee, surgió Isabella, de cuarenta y seis años, como "una figura nacional de los movimientos por la promoción de los derechos de las mujeres y los negros". "El Señor me dio el nombre Sojourner —dijo—, porque debía recorrer la tierra de arriba abajo para mostrar a las personas sus pecados y mostrarles el camino. Más tarde le dije al Señor que quería otro nombre porque todos tenían dos nombres; y el Señor me dio Truth, porque yo debía anunciar la verdad a la gente".

JOSEPHINE BAKER

SANTA PROTECTORA DE LAS INDEPENDIENTES
NACIDA EN 1906 EN ESTADOS UNIDOS
Día festivo: 3 de junio

En la película de 1934, *Zouzou* —el primer gran film protagonizado por una actriz afroamericana—, Josephine Baker bailaba sola estupendamente con su propia sombra, sonriendo y meneándose en un brillante traje de una pieza. Es una digna imagen de una mujer que poseía el coraje y el dinamismo de varias personas. Hija de una lavandera, cuyo nombre de soltera era Freda Josephine McDonald, empezó a bailar en esquinas por unas monedas. "Un día me di cuenta de que vivía en un país en el que tenía miedo de ser negra", dijo más tarde, así que navegó a París, donde saltó a la fama en el cabaret Folies Bergère. En Europa, se la conoció como la Venus Negra, la Reina Morena y la Diosa Criolla. Pablo Picasso la llamó "la Nefertiti de estos tiempos". Se convirtió en espía de la resistencia francesa en los años treinta y cuarenta, guardando mensajes en su ropa interior. En los años cincuenta y sesenta, fue activista para el movimiento de los derechos civiles y apareció junto a Martin Luther King, Jr., y Rosa Parks en la Marcha sobre Washington por el trabajo y la libertad. Tuvo cuatro esposos y cuatro divorcios; y doce niños adoptados de distintas partes del mundo: su "tribu arco iris". También una gran cantidad de mascotas exóticas, incluida Chiquita, una chita con collar de diamantes de uno de sus actos en un club nocturno de París. (En otro, usaba una falda hecha de bananas de goma). También adoptó su país, y así quizás se haya convertido en la única mujer francesa en haber nacido en St. Louis, Missouri. Baker representaba un espíritu del cual aún es difícil quitar la mirada. En relación con la escena de *Zouzou* que se publicó en YouTube cerca de ochenta años después, alguien comentó: "Una de las primeras personas en sonreír con todo el cuerpo".

ANA FRANK

SANTA PROTECTORA DE LAS DIARISTAS
NACIDA EN 1929 EN ALEMANIA
Día festivo: 12 de junio

"Los dos miramos el cielo azul, el castaño sin hojas con sus ramas llenas de gotitas resplandecientes", escribió Ana Frank en febrero de 1944. "Todo esto nos conmovió y nos sobrecogió tanto que no podíamos hablar". Frank pasó los dos años que registró en su diario —antes de que la arrestaran y encarcelaran en el campo de concentración de Bergen-Belsen, donde murió a los quince años— encerrada y anhelando estar fuera. "El verdor de nuestro castaño va desplegándose —escribió otro día— y, aquí y allá, hasta se ven pequeños frutos". El árbol estaba justo encima de la ventana del ático; lo usaba para medir el tiempo, para mantener con él la idea de otra vida imaginada. Más tarde: "Nuestro castaño está todo florecido, de arriba abajo, sus ramas pesadamente cargadas de hojas, y mucho más hermoso que el año pasado". El árbol de Ana Frank se mantuvo en pie sesenta y cinco años más, hasta que ni siquiera una estructura de apoyo de acero logró salvarlo. El 12 de junio de 2017 —que habría sido el cumpleaños número ochenta y ocho de Frank— se plantó en su honor un castaño de indias de flor blanca en el parque Liberty en el sur de Manhattan. El árbol era uno de los tantos que crecieron en el mundo a partir de semillas del árbol original.

⋇ LAS HERMANAS MIRABAL ⋇

SANTAS PROTECTORAS DE LAS REBELDES
NACIDAS EN 1924, 1926 Y 1935 EN REPÚBLICA DOMINICANA
Día festivo: 14 de junio

Para los dominicanos que lideraban el movimiento contra el dictador Rafael Trujillo, Minerva, María Teresa y Patria Mirabal eran "Las Mariposas", luchadoras que soportaron ser encarceladas para unir a la clase media en contra de la dictadura, mártires que finalmente perdieron la vida en manos de seguidores de Trujillo. Para Dedé Mirabal eran sus hermanas. "Minerva era el cerebro; Mate, el fuego; Patria, el pegamento. ¿Y yo? A mí me toca difundir su historia por generaciones". Mientras que el esposo de Dedé no le permitía unirse a sus hermanas en la lucha, Las Mariposas lideraron el Movimiento Catorce de Junio, llamado así en conmemoración de una de las masacres de Trujillo, que se reunía en secreto, acumulaba armas y distribuía información sobre las víctimas que habían sido asesinadas injustamente bajo el régimen del dictador. Las hermanas sabían qué tan peligroso era lo que hacían. "Es probable que lo que más cerca tengamos sea la muerte, pero esa idea no me asusta", dijo María Teresa. "Seguiremos luchando por aquello que es justo". Cuando se hizo pública la noticia de sus asesinatos —por orden de Trujillo, las habían golpeado y estrangulado, y luego habían cargado los cuerpos a su auto y lo habían empujado por una carretera de montaña— solo sirvió para alentar la rebelión. Trujillo fue asesinado seis meses después. En la década de 1990, Dedé fundó el Museo de las Hermanas Mirabal y creó una fundación en su honor. "Puede doler cuando pienso en todo lo que he perdido —declaró—, pero me llena de orgullo pensar en todo lo que ganamos gracias a ellas. Es un honor difundir su historia".

BENAZIR BHUTTO

Las calles de Karachi, en Pakistán, estaban cubiertas por una multitud que le daba la bienvenida. La ex primera ministra Benazir Bhutto había vuelto luego de nueve años de exilio autoimpuesto tras el golpe militar de Pervez Musharraf, un ex general de cuatro estrellas. Bhutto saludó a sus seguidores desde una caravana. Había llegado para prepararse para las elecciones de 2008 en Pakistán como candidata del Partido Popular de Pakistán (PPP), el partido socialista y progresista de izquierda que su padre, Zulfikar Ali Bhutto, había fundado. Pero algo andaba mal. Benazir notó que las luces de la calle se apagaban en secuencia. Luego comenzaron las explosiones: dos bombas suicidas, cuyo resultado fueron 180 muertos y 500 heridos, de los cuales la mayoría eran miembros del PPP. Se creía que el ataque había sido promovido por el Estado, dado que el gobierno de Musharraf no había proporcionado las medidas básicas de seguridad. Bhutto, que había sobrevivido al intento de asesinato, volvió a su casa en Dubái para estar con sus hijos, pero solo por unos días. Su hija menor, Aseefa, recuerda que le decía: "La vida está en manos de Dios. Si muero, es la elección de Dios". La hija mayor, Bakhtawar, cumpliría dieciocho años el mes siguiente. La noche antes de que Bhutto se volviera a ir, le deseó un feliz cumpleaños a su hija. "Después de que se fue encontré este collar en su cajón. Decía: 'Felices 18'", recordaba Bakhtawar. "Así que siento que ella estaba preparada". Bhutto volvió a Pakistán y a otro intento de asesinato, pero esa vez no sobrevivió. Bhutto, cuyos padre y dos hermanos habían dado la vida por el país, creía "que luchar por la verdad es importante porque tarde o temprano llega el día en que se ve la respuesta a esa lucha". Ella no llegó a ver la respuesta, pero su asesinato desencadenó disturbios en todo Pakistán, que finalmente llevaron al PPP de vuelta al poder con su mensaje: "La democracia es la mejor venganza".

SONIA SOTOMAYOR

SANTA PROTECTORA DE FRENOS Y CONTRAPESOS
NACIDA EN 1954 EN ESTADOS UNIDOS
Día festivo: 25 de junio

En 2007, tres chinos indocumentados pidieron asilo en Estados Unidos por motivos de persecución. Cada uno estaba en pareja con una mujer que había sido sometida a un aborto forzado en la República Popular China. La Corte de Apelaciones del Segundo Circuito rechazó sus solicitudes sobre la base de que tales protecciones no se extendían a los cónyuges o parejas de las personas perseguidas. La jueza Sotomayor, por entonces miembro de esa corte, disintió de la línea de pensamiento de sus pares. "No logro entender cómo la mayoría puede sostener que el daño ocasionado por la práctica de un aborto forzado o la esterilización a una cónyuge no representa un daño personal a las dos partes de la pareja". La opinión de Sotomayor en este caso ilustra el enfoque fresco y reflexivo que le valió su nombramiento, dos años más tarde, para la Corte Suprema. Nacida en el Bronx en una familia de inmigrantes puertorriqueños y criada en una vivienda social, Sotomayor atribuye a la serie judicial *Perry Mason* que tanto le gustaba de niña el haber tomado el camino de la justicia. Como la tercera mujer y la primera persona hispana en ser designada para el tribunal supremo de la nación, Sotomayor es una inspiración para millones. En 2018, tras una sentencia por 5-4 de la Corte Suprema para ratificar la proclamación presidencial del presidente Trump de restringir la entrada a Estados Unidos a personas provenientes de ocho países, llamada en términos generales "la prohibición de viajar", la jueza Sonia Sotomayor afirmó lo siguiente: "Nuestra Constitución exige, y nuestro país merece, un Poder Judicial dispuesto a pedir explicaciones a los poderes coordinados cuando estos desafían nuestros compromisos legales más sagrados. Dado que la decisión del día de hoy de la Corte ha fallado en este aspecto, con profunda tristeza, yo disiento".

HELEN KELLER

SANTA PROTECTORA DEL OPTIMISMO
NACIDA EN 1880 EN ESTADOS UNIDOS
Día festivo: 27 de junio

"Si alguien pareciera tener derecho a sentirse triste, sería esta talentosa joven", así comienza la crítica de *Optimism* [El optimismo], de Helen Keller, en la revista *Journal of Education* de 1903. Es una crítica favorable, si no por completo halagadora. "Uno se sorprende continuamente a medida que lee sus palabras ante el excelente dominio que tiene del lenguaje, la maravillosa relación con la historia y el espíritu optimista". Quizás el crítico se sorprenda, pero no debería. Mark Twain la llamó "la mujer más importante desde Juana de Arco", pero en general se hablaba de Keller, que era sorda y ciega, en relación con lo que no podía hacer, en lugar de lo que podía. Su triunfo sobre las discapacidades que tenía —en realidad, el triunfo de dos mujeres, la propia Keller y su maestra y compañera, Anne Sullivan— fue extraordinario: aprendió a hablar. Incluso dio discursos. Fue una defensora de los discapacitados, en efecto, pero también fue sufragista y pacifista, y una de las fundadoras de la Unión Estadounidense por las Libertades Civiles (ACLU, por sus iniciales en inglés). Quizás fueron sus difíciles inicios los que le dieron ganas de tener un impacto en el mundo que la rodeaba. "El conocimiento es felicidad", escribió en una carta. "Conocer los pensamientos y hechos que han marcado el progreso del hombre es sentir los grandes latidos de la humanidad a través de los siglos; y quien no sienta en esas pulsaciones una lucha por un lugar en el cielo, ciertamente es sordo a las armonías de la vida". La crítica de *Optimism* concluye así: "[La suya] es la canción de un ave; y los oídos escucharán gustosamente la nota apasionada que les canta a través de los barrotes". Lo cierto es que los barrotes ya habían quedado atrás hacía mucho tiempo.

FRIDA KAHLO

SANTA PROTECTORA DEL COLOR
NACIDA EN 1907 EN MÉXICO
Día festivo: 6 de julio

Un choque en la calle de la ciudad de México —un autobús de madera y un tranvía eléctrico— cambió la vida de Frida Kahlo a los dieciocho años. "Primero estábamos en otro autobús —recordaba—, pero yo había perdido un pequeño paraguas y nos bajamos a buscarlo; por eso nos subimos a ese autobús, que me mutiló". Una barandilla le perforó la parte inferior del cuerpo, se rompió la columna vertebral y la pelvis, y su pierna quedó destrozada. Antes del accidente, quería estudiar medicina; luego del accidente, era una paciente. Fue durante su larga recuperación que comenzó a pintar en serio y montó un caballete que le permitía trabajar desde la cama. Ese día fatídico, su novio, que solo había sufrido heridas leves, encontró a Kahlo entre los escombros, y la imagen que más tarde describió parece extraída de las pinturas fantásticas que ella crearía más adelante: "Algo extraño había sucedido. Frida estaba completamente desnuda. El choque le había arrebatado la ropa. Alguien del autobús, probablemente un pintor de casas, llevaba un paquete de polvo dorado. El paquete se rompió y el dorado cayó sobre el cuerpo ensangrentado de Frida. Cuando la vieron, las personas gritaron: '¡La bailarina, la bailarina!'. Con el dorado sobre su rojo cuerpo ensangrentado, creyeron que era una bailarina".

MALALA YOUSAFZAI

SANTA PROTECTORA DE LAS ESTUDIANTES
NACIDA EN 1997 EN PAKISTÁN
Día festivo: 12 de julio

A los doce años, tenía un diario en el que documentaba la vida bajo la ocupación de un hostil grupo extremista:

La noche estaba llena de fuego de artillería.

El director dio inicio a las vacaciones, pero no dijo cuándo volvería a abrirse la escuela. [...] Al salir, miré al edificio como sabiendo que no volvería jamás.

A la noche, cambié de canal en la televisión y me enteré de las explosiones en Lahore. Me dije a mí misma: "¿Por qué siguen ocurriendo estas explosiones en Pakistán?".

Si quitamos la televisión y los nombres propios, estas entradas no son muy diferentes de las de otro diario, uno más famoso, que había comenzado en 1942. Pero mientras el mundo había tenido que esperar años para leer el diario de Ana Frank, este diario, el de Malala Yousafzai, se publicó en línea casi en el mismo momento en que se lo escribía, en 2009, para el servicio de noticias urdu de la BBC. La publicación de sus escritos, junto al documental sobre ella realizado por el periódico *The New York Times* que le siguió, dio a Malala una plataforma desde la cual abogar por la educación femenina, un derecho que casi le quitan. La atención también la convirtió en un objetivo para los talibanes. A los quince años, uno de sus hombres armados le disparó en la cabeza, y sobrevivió. "Tomemos nuestros libros y nuestros lápices. Son nuestras armas más poderosas. Un niño, un maestro, un libro y un lápiz pueden cambiar el mundo. La educación es la única solución". Recibió el Premio Nobel de la Paz un año más tarde, y se convirtió en la ganadora más joven de la historia.

 GERTRUDE BELL

SANTA PROTECTORA DE LAS VIAJERAS
NACIDA EN 1868 EN INGLATERRA
Día festivo: 14 de julio

La placa al costado de una gran casa de ladrillos de North Yorkshire, en Inglaterra, dice: "Gertrude Lowthian Bell vivió en esta casa. Estudiosa, viajera, administradora y pacifista. Amiga de los árabes". Aunque esa era la casa donde creció la joven Gertrude, hija de un adinerado empresario industrial, no era el lugar que ella más sentía como su hogar. El tío de Gertrude era un ministro británico en Teherán; a los veinticuatro años fue a visitarlo y el mundo se abrió para ella. Sus viajes largos a través de Medio Oriente no eran habituales para una europea, y mucho menos para una mujer victoriana, que llevaba consigo su biblioteca, una carpa y un juego de té. Pero tenía fuertes sentimientos por las personas que conocía. Luego de la Primera Guerra Mundial, se convirtió en una defensora feroz de la independencia árabe y comenzó a trabajar para la inteligencia británica, con la presentación de un informe titulado "La autodeterminación de la mesopotamia". En 1918, en una carta desde Bagdad, escribió: "Querido padre: Este es el viaje más interesante de mi vida. No suele suceder que se diga a las personas que su futuro como Estado está en sus manos o que se les pregunte qué les gustaría". Fue la única mujer presente en la Conferencia de El Cairo de 1921, con un rol esencial en el establecimiento de la estructura geográfica y política de lo que sería Irak. Luego, trabajó en la comisión de la Biblioteca Nacional de Irak y fundó el Museo Arqueológico de Bagdad, actualmente conocido como el Museo Nacional de Irak. "He llegado a amar esta tierra, sus paisajes y sonidos", escribió a su padre. "Nunca me canso de Oriente, así como nunca lo siento ajeno. [...] Es mi segundo país de origen. Si mi familia no estuviera en Inglaterra, no tendría ningún deseo de regresar".

✦ ANN Y CECILE RICHARDS ✦

SANTAS PROTECTORAS DE MADRES E HIJAS
NACIDAS EN 1933 Y 1957 EN ESTADOS UNIDOS
Día festivo: 15 de julio

Tenía expectativas tan altas para mí. Iba a ser la mejor madre, la mejor
ama de casa, la mejor animadora, la mejor enfermera, sabes; lo que fuera,
iba a ser la mejor. Y nunca pude estar a la altura de mis expectativas.
—ANN RICHARDS, ex gobernadora de Texas.

Mi madre solía decir que como mujeres pensamos continuamente que
vamos a ser perfectas. [...] Pero eso no sucede. Así que siempre me
decía: Si surge una nueva oportunidad, debes tomarla. Creo que en mi
vida cotidiana trataba de canalizar un poquito de Ann en eso.
—CECILE RICHARDS, presidenta de Planned Parenthood.

No quería que mi lápida dijera: "Mantenía la casa muy limpia". Creo que
me gustaría que me recordaran por decir: "Abrió el gobierno a todos".

—ANN

Lo más desalentador que enfrentamos es la idea de que nuestras hijas
y nietas podrían tener menos derechos de los que tenemos nosotras;
mi madre jamás lo habría aceptado, así que yo tampoco puedo.

—CECILE

Recibo muchas bromas sobre mi cabello, especialmente de hombres
que ni siquiera tienen.

—ANN

Uno de los momentos de mi vida que más orgullo me dieron como
madre fue cuando Rush Limbaugh mencionó en su programa de radio
a Lily, mi hija mayor, por su nombre. Dije: "Mi trabajo como madre ya
está hecho".

—CECILE

⟫• IDA B. WELLS •⟪

SANTA PROTECTORA DE LA CORRECCIÓN DE ERRORES

NACIDA EN 1862 EN ESTADOS UNIDOS

Día festivo: 16 de julio

Hallaron a una mujer blanca muerta en Jackson, Tennessee, con arsénico en el estómago. Una mujer negra —la cocinera de la mujer blanca— tenía una caja de veneno para ratas en su casa; se lo consideró evidencia suficiente para encarcelarla. Ahí fue cuando una multitud de linchadores fue a buscarla. La colgaron, desnuda, en el patio del juzgado, y le llenaron el cuerpo de balas. Poco después, el esposo de la mujer blanca confesó haber envenenado a su esposa. En Quincy, Mississippi, un hombre negro sospechoso de envenenamiento también fue linchado. Pero la multitud, que dudaba haber encontrado al verdadero culpable, desplegó una red más grande: lincharon también a la esposa del hombre, a su suegra y a dos amigos. "¡Por Dios! ¿Es posible que pasen estas cosas y no haya justicia?", escribió Wells. "El cristianismo estadounidense se enteró de este terrible asunto y leyó sobre sus detalles, y ni la prensa ni el clérigo hicieron al respecto más que un comentario al pasar". La misión de Wells era obligar al mundo a escuchar. Dio discursos por todo Estados Unidos y Europa, y publicó artículos de investigación, en los que arrojaba luz sobre cómo "la delincuencia nacional de nuestro país" se había convertido en una manera en la que muchos sureños blancos obstaculizaran el progreso económico de los negros. En 1893, en la Feria Mundial de Chicago (donde el mural *Mujer moderna*, de Mary Cassatt, ya estaba causando su propio alboroto), lideró un boicot citando la exclusión de la comunidad negra de la exposición. "Los hombres que hacen estas acusaciones alientan o lideran a las multitudes que realizan los linchamientos. Pertenecen a la raza que mantiene barata la vida de los negros, que es propietaria de los cables telegráficos, los periódicos y todos los demás medios de comunicación con el mundo exterior", escribió en su panfleto *Por qué los estadounidenses de color no están en la Exposición Mundial Colombina*. "Las máscaras se han dejado de lado hace mucho tiempo y los actuales linchamientos ocurren a plena luz del día". La misión de Wells era hacer que las personas miraran.

⋙ SALLY RIDE ⋘

SANTA PROTECTORA DE LAS ESTRELLAS
NACIDA EN 1951 EN ESTADOS UNIDOS
Día festivo: 23 de julio

En junio de 1983, Sally Ride abandonó el planeta por seis días, dos horas, veintitrés minutos, y cincuenta y nueve segundos. Fue la primera mujer estadounidense en orbitar la Tierra, a bordo del transbordador espacial *Challenger.* Los días previos al despegue fueron un frenesí mediático —se conocía a la NASA como una fábrica de héroes—, pero Ride no tenía paciencia para las preguntas más ignorantes de los periodistas. *¿El vuelo afectará tus órganos reproductivos?* "No hay evidencia de eso". *¿Lloras cuando algo sale mal en el trabajo?* "¿Por qué nadie nunca le hace esas preguntas a Rick?". *¿Vas a ser madre?* "Como verás, no estoy respondiendo". Incluso los artículos que señalaban la naturaleza machista de esas preguntas encontraron tiempo para etiquetar a Ride como "una ama de casa indiferente". A pesar de que Ride —una doctora en física que comenzó su carrera en la NASA respondiendo a un anuncio en el periódico estudiantil de Stanford— prefería que la reconocieran primero como astronauta y luego como mujer, dedicó sus últimos años a Sally Ride Science, una organización sin fines de lucro que acerca a los niños a la ciencia, con especial énfasis en llegar a las niñas. Con treinta y dos años al momento del viaje del *Challenger,* Ride también fue la astronauta estadounidense más joven en viajar al espacio, pero no fue hasta el final de su vida que se convirtió en otro tipo de heroína. En sus últimos días, sufriendo de cáncer de páncreas, Ride decidió salir del clóset en su obituario, y así se convirtió en la primera astronauta LGBT conocida. Un año después, se otorgó póstumamente a Ride la Medalla Presidencial de la Libertad. Tam O'Shaughnessy, su pareja por veintisiete años, la recibió en su nombre.

BELLA ABZUG

SANTA PROTECTORA DE LAS ABOGADAS
NACIDA EN 1920 EN ESTADOS UNIDOS
Día festivo: 24 de julio

El jurado deliberó durante dos minutos y medio. Willie McGee no tenía escapatoria. Era un afroamericano acusado de violar a una mujer blanca en Mississippi, en 1945. Eso era lo que ocurría con hombres como McGee en tiempos y lugares como esos. Pero la injusticia del juicio y la rapidez de la declaración de culpabilidad pronto captaron la atención de todo el país —un caso célebre que se encontró con William Faulkner y Albert Einstein hablando en defensa de McGee— y la atención particular de una abogada de Nueva York de veintiocho años, que se hizo cargo de la apelación de McGee. Hija de un inmigrante judío ruso, Bella Abzug sabía de prejuicios, y no los toleraba. Unas décadas antes de ser elegida para el Congreso, antes de que su incansable defensa por la libertad de las mujeres y los derechos de los homosexuales le valiera el apodo de "Bella la Luchadora", Abzug elaboró una defensa para McGee basada en una serie de argumentos de los derechos civiles, e introdujo radicalmente en el expediente del caso pruebas de un amorío interracial consensuado. A pesar de que en última instancia la estrategia fallara, Abzug logró dejar expuesta la ley sureña de violación por lo que era: una forma en que aquellos en posiciones de poder controlaban a los afroamericanos, a la vez que privaban a las mujeres blancas de su autonomía. La declaración de que una relación interracial podía ser consensuada fue recibida con indignación, pero Abzug jamás vaciló. El editor de un periódico local de Jackson declaró: "Si la Sra. Abzug aparece alguna vez por Mississippi, ya sea como abogada o como individuo, habrán sido demasiadas veces". Abzug viajó a Jackson al día siguiente.

KASHA NABAGESERA

SANTA PROTECTORA DE LA SALIDA DEL CLÓSET

NACIDA EN 1980 EN UGANDA

Día festivo: 1 de agosto

En octubre de 2010, una revista semanal sensacionalista llamada *Rolling Stone* (no relacionada con la revista estadounidense) publicó en primera plana un artículo con una lista de los nombres y las direcciones de "los 100 homosexuales más famosos" de Uganda, acompañado de fotografías y un encabezo que decía: "Cuélguenlos". Entre los cien se encontraba Kasha Nabagesera, la "madre fundadora" del movimiento por los derechos civiles LGBT de Uganda. Desde sus veintitrés años, Nabagesera se había ganado muchos enemigos en Uganda, donde la homosexualidad es ilegal, cuando creó la organización por los derechos humanos Freedom and Roam in Uganda (FARUG), cuyo objetivo era proteger a los ciudadanos gays y lesbianas, bisexuales, transgénero e intersexuales. Luego de aquel artículo de 2010, Nabagesera lideró la acusación contra el tabloide por haber violado el derecho constitucional a la privacidad de las cien personas listadas, y ganó. A pesar de que la *Rolling Stone* ugandesa se cerró, muchas de las personas de la lista perdieron sus empleos y sus casas, y al menos uno —David Kato, activista y "primer hombre abiertamente gay en Uganda"— perdió la vida; lo encontraron apaleado hasta la muerte. A pesar de las amenazas que recibe todos los días, Nabagesera no se irá. "Aunque mis aliados no puedan estar conmigo, sé que son muchos. Ver qué hacen los activistas de otros países, lo que han logrado, también nos mantiene motivados", ha dicho. "Es posible que no viva para disfrutar aquello por lo que estoy luchando, pero estoy orgullosa y soy feliz de haber hecho mi contribución para las generaciones futuras".

ESTELA DE CARLOTTO Y ABUELAS DE PLAZA DE MAYO

SANTA PROTECTORA DE LAS ABUELAS
NACIDA EN 1930 EN ARGENTINA
Día festivo: 5 de agosto

Estela de Carlotto tenía cuarenta y siete años cuando su hija Laura, una joven militante, fue secuestrada en una calle de la ciudad. Eso ocurrió en 1977, durante un período de terrorismo de Estado en Argentina que terminó con miles de disidentes políticos asesinados o "desaparecidos". Estela jamás volvería a ver a su hija de nuevo, pero rezaba por ver que algún día su nieto apareciera a salvo: Laura estaba embarazada cuando la capturaron. Y no era la única. Las embarazadas detenidas por la dictadura quedaban en cautiverio hasta el parto, para luego entregar a los bebés a familias de militares con nuevas identidades; los líderes no querían que estos niños y niñas crecieran con la misma ideología que sus madres. Estela no tardó mucho tiempo en encontrar a otras mujeres que estaban buscando a los niños y niñas de sus propias hijas desaparecidas. Juntas fundaron Abuelas de Plaza de Mayo y, en 1989, Estela, una maestra de escuela que jamás había tenido inclinaciones políticas, era la presidenta. Las Abuelas estiman que unos 500 niños y niñas fueron apropiados bajo la dictadura que se extendió desde 1976 hasta 1983; en 2018, ya se habían restituido 129 nietos. El de Estela fue el número 114; se reencontraron en agosto de 2014, treinta y siete años después de la desaparición de su hija. Aun así, a los ochenta y ocho años, Estela sigue adelante. "Todavía hay tanto por hacer —dice—. Voy a seguir buscando a todos los que faltan".

ROSARIO CASTELLANOS

SANTA PROTECTORA DE LA SOLEDAD
NACIDA EN 1925 EN MÉXICO
Día festivo: 7 de agosto

"Mi experiencia más remota radicó en la soledad individual; muy pronto descubrí que en la misma condición se encontraban todas las otras mujeres a las que conocía: solas solteras, solas casadas, solas madres".

A los veintidós años, Rosario Castellanos quedó huérfana. Pero estaba acostumbrada a la sensación de soledad hacía mucho tiempo: catorce años antes, había perdido a un hermano a causa de una apendicitis. Tiempo después recordó haber escuchado a su madre lamentarse: "¿Por qué murió el varón y no la mujercita?". Fue su primera aproximación a las injusticias contra las mujeres en su época y entorno. "La abnegación es la más celebrada de las virtudes de la mujer mexicana —escribió en un ensayo posterior—. Pero yo voy a cometer la impertinencia de expresar algo peor que una pregunta, una duda: la abnegación ¿es verdaderamente una virtud?". Mientras Betty Friedan arrojaba luz sobre la situación de las amas de casa en Estados Unidos, Rosario daba voz a las mexicanas acostumbradas a una opresión similar. Sus poemas y ensayos atrajeron la atención internacional; a mediados de sus cuarenta se convirtió en la embajadora mexicana en Israel y se mudó a Tel Aviv. Golda Meir la describió como "una de las mentes más brillantes que conocí". También devolvió tierras que había heredado de su familia a los aborígenes de Chiapas, jornaleros que las habían trabajado durante décadas. En su obra teatral más importante, *El eterno femenino*, escribió: "No basta imitar los modelos que se nos proponen y que son la respuesta a otras circunstancias que las nuestras. No basta siquiera descubrir lo que somos. Hay que inventarnos".

MARY EDWARDS WALKER

SANTA PROTECTORA DE LAS CIRUJANAS
NACIDA EN 1832 EN ESTADOS UNIDOS
Día festivo: 12 de agosto

"No uso ropa de hombre; uso mi propia ropa", dijo la primera cirujana de Estados Unidos, al referirse a su inclinación por los pantalones. La falda larga que estaba de moda en esa época, con sus capas y capas de enaguas, le resultaba incómoda, además de antihigiénica; sus múltiples dobladillos arrastraban polvo y suciedad por donde pasara quien la usaba. Incluso usó pantalones en su boda en 1855, cuando también se rehusó a incluir la palabra "obedecer" en los votos e insistió en mantener su propio nombre. Luego de lograr estudiar en la escuela de medicina de Syracuse (la única mujer de su clase), a Mary Edwards Walker le resultó difícil mantener un consultorio privado, con tan poca gente dispuesta a elegir a una mujer como médica. Cuando estalló la Guerra Civil, el Ejército de la Unión solo le permitió trabajar como enfermera, por lo que ejerció, sin recibir ninguna remuneración, como cirujana de campo en todo sentido excepto por el cargo, hasta que, a dos años del comienzo de la guerra, se le concedió el título oficial. Cuando la capturaron las tropas de la Confederación, luego de cruzar la frontera enemiga para ayudar en una amputación, un capitán confederado escribió sobre cómo lo había "divertido y a la vez asqueado" verla con el uniforme completo: "No era atractiva y por supuesto hablaba como para un regimiento de hombres". Walker pasó cuatro meses como prisionera de guerra. Al día de hoy, es la única mujer que ha recibido una Medalla de Honor por su servicio. Walker pasó el resto de su vida trabajando: en una prisión de mujeres, luego en un orfanato, y como defensora de la reforma de la vestimenta de la mujer. Testificó dos veces ante el Congreso respecto del sufragio de la mujer, pero murió en 1919, un año antes de que las mujeres pudieran votar. La enterraron con un traje negro.

JIN XING

SANTA PROTECTORA DE LA INVENCIÓN DE UNA MISMA
NACIDA EN 1967 EN LA REPÚBLICA POPULAR CHINA
Día festivo: 13 de agosto

En la primera temporada del programa televisivo *So You Think You Can Dance* en China, una de las juezas se ganó el apodo de "Lengua Venenosa". "La televisión china siempre hurga en las heridas de la gente y se regodea en su dolor. Esa es la mayor debilidad de la televisión china, ¡y la odio!", dijo ella, reprochándole a la conductora por atormentar a un concursante para que cuente una historia triste. "No debemos usar el sufrimiento de las personas". Su arrebato se convirtió en una sensación viral; en menos de un año le dieron un programa propio y se convirtió en la versión china de Oprah Winfrey.

Jin Xing es una estrella de su propia creación, incluso una mujer de su propia creación. Siendo un niño de nueve años, ingresó a la compañía de baile del Ejército Popular de Liberación y rápidamente ascendió, estudiando acrobacia, ópera y ballet, todo esto mientras aprendía a usar ametralladoras. A los diecisiete años, se convirtió en el bailarín de mayor rango en el país y como tal ganó una beca de baile que le permitió estudiar y presentarse en Nueva York. Fue allí donde fue libre para descubrir quién era realmente. "Ahí fue cuando descubrí las palabras 'transexual' y 'transgénero'". Habría sido más fácil someterse a una cirugía de reasignación de sexo en América o en Europa, prácticamente en cualquier lugar que no fuera su país natal. Pero, según dijo: "Quería estar cerca de mi madre, porque en la primera vida que me dio nací china. Por eso, en mi segundo nacimiento quería ser china también". Luego, como una mujer transgénero y soltera adoptó a tres niños. (La política china del hijo único no aplica a las adopciones). Al escuchar a Jin hablar en entrevistas, parece estar esperando el momento, preparándose para su próxima gran jugada. "Hace mucho tiempo la gente me decía que me convertiría en política y yo les decía: 'Lo sé, pero todavía no'. Todo esto, este programa de entrevistas, todo, es parte de la preparación".

JULIA CHILD

SANTA PROTECTORA DE LA COCINA
NACIDA EN 1912 EN ESTADOS UNIDOS
Día festivo: 15 de agosto

Durante la Segunda Guerra Mundial, mucho tiempo antes de que la conocieran como "Nuestra Señora del Cucharón", Julia McWilliams ingresó a la Oficina de Servicios Estratégicos (OSS, por sus iniciales en inglés), una antecesora de la CIA. La enviaron a Kunming, en China, donde le asignaron la cocina, pero para preparar repelentes de tiburones, dado que había demasiados tiburones en el área que estaban activando explosivos submarinos de la OSS. Mientras estaba en Kunming, se enamoró, tanto de su esposo —Paul Child— como de la comida, y cuando la pareja tuvo que mudarse a París por el trabajo de su esposo en el Servicio Diplomático, ella se inscribió en la famosa escuela culinaria Le Cordon Bleu. El mundo culinario profesional estaba dominado por hombres, y sus instructores no eran precisamente amables. Julia encontró una comunidad al unirse a un grupo de cocina de mujeres en París, Le Cercle des Gourmettes, y comenzó a preparar un libro. Tras su publicación en 1961, *Dominando el arte de la cocina francesa* fue recibido con un enorme éxito en Estados Unidos; fue uno de los primeros libros de cocina en tener instrucciones paso por paso, lo que hizo que sus recetas fueran más accesibles para quienes cocinaban en casa. Cuando comenzó a conducir su programa *The French Chef* en la televisión, Julia, una mujer de más de 1,80 metros con una voz gorjeante se hizo querer por hacer que la preparación de platos difíciles pareciera estar al alcance de la mano; también sabía que su público se "deleitaba" con sus errores. Autoproclamada una "bromista natural", cuando flambeaba algo en la cocina, tenía siempre un gran matafuegos rojo a la vista. Con una anguila colgada de una mano, le dijo a su audiencia: "Para mejorar el sabor del vino, pueden colocar una anguila viva en la botella. Cuando lo hagan, díganme si funciona". Toda su cocina, incluidas las mesadas que su esposo diseñó a medida para adaptarlas a su altura, se encuentra exhibida en el Museo Nacional de Historia Americana del Smithsonian, en Washington, D.C., un piso debajo de la bandera estrellada original.

MADONNA

SANTA PROTECTORA DEL POP
NACIDA EN 1958 EN ESTADOS UNIDOS
Día festivo: 16 de agosto

Hay una Madonna de 1984 en "Like a Virgin", con un vestido de novia de encaje y corsé, guantes blancos largos y una hebilla de cinturón que decía "boy toy" [juguete sexual], retorciéndose en el escenario de los Premios MTV Video Music Awards. Hay otra Madonna en "Like a Prayer", cuyo video musical —con imágenes de cruces que arden y un hombre negro que es arrestado injustamente por el crimen de un hombre blanco— hizo que el Vaticano la condenara. Luego, está la Madonna actriz, que representa, en *Buscando desesperadamente a Susan*, a una precursora extrema de la *manic pixie* moderna y se airea las axilas con el secador de manos de un baño público. La Madonna autora llega en 1992 con *Sex*, un libro de lujo con fotografías eróticas que generó mucho revuelo y vendió 150.000 ejemplares el primer día. Once años después, llega la Madonna autora de *libros para niños*, sin dudas la única autora de libros para niños denominada por la revista *New York* como "la primera embajadora cultural del sadomasoquismo". Madonna, que habló potentemente en la marcha de las mujeres en Washington, D.C., en 2017, ha sido un motor para el feminismo de la tercera ola durante tres décadas. Esto decía en una entrevista con MTV en la década de 1980, enrulando obsesivamente en el dedo su cabello rubio y con grandes arcos negros encima de la cabeza: "Creo que una construye la imagen de sí misma y el mundo termina viendo solo ese aspecto de una. Toda persona es multifacética y, con suerte, cuanto más larga sea su carrera, más puede revelar sobre sí misma. No podría decir qué es lo que el mundo no ve sobre mí ahora; hay un millón de cosas".

MAE WEST

SANTA PROTECTORA DEL SEXO
NACIDA EN 1893 EN ESTADOS UNIDOS
Día festivo: 17 de agosto

En 1935, era la mujer mejor paga de Estados Unidos y la segunda estadounidense más acaudalada, superada únicamente por William Randolph Hearst, el infame magnate de los medios de comunicación que inspiró *Ciudadano Kane*, de Orson Welles. Hearst fue tras la estrella por su material atrevido en los veintiocho periódicos que tenía, con el editorial: "¿No es hora de que el Congreso haga algo con Mae West?". La batalla de West con la censura no era nueva. Su primer gran éxito, una obra de teatro de tres actos llamada *Sex*, hizo que la arrestaran por obscenidad y la encarcelaran un tiempo breve. En Hollywood, West hizo una fortuna para Paramount, pero sus películas se enfrentaron a un escrutinio creciente bajo las directrices morales del Código Hays, que prohibía "cualquier inferencia de perversión sexual". (El título de una canción, "No One Does It Like That Dallas Man" [Nadie lo hace como ese hombre de Dallas] se cambió a "No One Loves Me Like That Dallas Man" [Nadie me ama como ese hombre de Dallas]). West luchó contra el sistema y llegó a contrabandear versiones sin censura de sus películas en los cines. Pero quizás lo más asombroso sobre West haya sido la amplitud de su atractivo, tanto para mujeres como para hombres. Mientras que la Fuerza Aérea Real nombraba un salvavidas inflable en su honor y científicos de Princeton inventaban el "imán Mae West", con "curvas que aumentan su poder de atracción", el público de West estaba conformado principalmente por mujeres jóvenes, que aprendían de ella lecciones de vida sobre la independencia: los personajes de West disfrutaban de los hombres; no los necesitaban. Como escribió Colette, la gran novelista francesa y admiradora de West: "Ella sola, de un catálogo enorme y aburrido de heroínas, no se casa al final de la película, no muere, no toma el camino del exilio, no mira tristemente su juventud en decadencia en un espejo de bordes de plata con el peor gusto que existe".

MARSHA P. JOHNSON

SANTA PROTECTORA DE LA PROTESTA
NACIDA EN 1945 EN ESTADOS UNIDOS
Día festivo: 24 de agosto

Durante los seis días de disturbios en Stonewall, en Greenwich Village, los manifestantes arrojaron monedas, formaron filas frente a la policía lanzando patadas al estilo de la danza de las Rockette y cantaron "We Shall Overcome" [Venceremos]. También destrozaron ventanas, derribaron barricadas y se enfrentaron a la brutalidad de los agentes. Marsha P. Johnson, *drag queen* y activista por la liberación de los homosexuales, fue vista en el epicentro de la protesta la primera noche, encima de un poste de luz, desde donde dejó caer una bolsa llena de ladrillos sobre un patrullero vacío rompiendo el parabrisas. Johnson era una celebridad local en el centro de Nueva York. Llevaba tacones altos de plástico rojo, flores viejas descartadas por los floristas y frutas de mentira. Un vendedor de su tienda de ropa usada en la ciudad la recordaba como una "persona maravillosa y dulce" (también como "el tipo que solía comprar todos los vestidos"). Le gustaba decir que la inicial de su segundo nombre, *P*, significaba "Pay It No Mind" [No le des importancia]. Los disturbios de Stonewall marcaron el comienzo de una vida comprometida con el activismo social, con la asistencia a mujeres transgénero y a personas afligidas por el SIDA. Cuando un oficial derribó y pateó en la cara a "Mamá" Jean DeVente —que más adelante serviría como gran mariscal del Desfile del Día de la Liberación de Christopher Street—, Johnson usó su propia blusa para detener la hemorragia. "Levántate, chica", le dijo Johnson. "Tenemos una pelea en nuestras manos".

GLADYS ELPHICK

SANTA PROTECTORA DE LA COMUNIDAD
NACIDA EN 1904 EN AUSTRALIA
Día festivo: 27 de agosto

Gladys Elphick era una joven viuda cuando dejó la misión aborigen en Point Pearce, en 1939. "Point Pearce no era un mal lugar cuando yo era joven —recordaba—, pero llevábamos una vida extremadamente protegida allí". Como a muchos aborígenes australianos, habían llevado a Elphick a la misión siendo una niña, como parte de una iniciativa gubernamental destinada a la "integración", en la que se obligaba a los indígenas a mantenerse en las reservas y los niños de ascendencia mixta eran alejados de sus familias, lo que ahora se conoce como "las generaciones robadas". Los aborígenes australianos que Elphick conoció fuera de la misión vivían en una pobreza extrema. Los soldados aborígenes que habían servido en la guerra no tenían derecho a los beneficios otorgados a los veteranos no indígenas. La ley de dotación familiar que se pagaba a las madres excluía a la población indígena. Muchos aborígenes trabajaban dieciséis horas por día y ganaban una fracción de lo que ganaban sus homólogos europeos. "Apenas podía creer algunas de las cosas terribles con las que me encontré". Elphick se unió a diversos comités de actividades y comenzó a organizarse, invitando a las mujeres indígenas de la comunidad a reunirse en la casa de "la tía Glad"; se amontonaban en su habitación y ocupaban toda la cama. "Queríamos mostrarle al pueblo y al gobierno que podíamos hacer las cosas por nuestra cuenta". Más adelante, fundó el Consejo de Mujeres Aborígenes de Australia Meridional, que dio lugar al establecimiento de servicios médicos y jurídicos dentro de la comunidad. Por sus iniciativas, la nombraron Miembro de la Orden del Imperio Británico y también Aborigen del Año en Australia Meridional. "[Ese era] el que yo quería —dijo más tarde al periódico *Advertiser* de Adelaida— porque proviene de mi propia gente, y eso lo hace especial".

MARY WOLLSTONECRAFT Y MARY SHELLEY

SANTAS PROTECTORAS DE LA CREACIÓN
NACIDAS EN 1759 Y 1797 EN INGLATERRA
Día festivo: 30 de agosto

"Si no puedo inspirar amor, causaré miedo, y principalmente a ti, que por ser mi creador eres mi principal enemigo, te juro odio perpetuo", dice la criatura a su creador en el clásico gótico de 1818 *Frankenstein*, de Mary Shelley. "Maldecirás la hora en que has nacido". Algunos críticos literarios han interpretado la novela como un "mito del nacimiento", en el que Shelley enfrenta "el drama de la culpa, el terror y la huida alrededor del nacimiento y sus consecuencias". El tema del parto era un tema delicado para la autora. A los dieciocho años —un año antes de comenzar a escribir *Frankenstein*— sufrió la pérdida de una niña, que nació dos meses antes de lo esperado. La propia madre de Shelley, Mary Wollstonecraft, había muerto de fiebre puerperal solo once días después de haberla dado a luz. Wollstonecraft era escritora. Su libro *La educación de las hijas*, publicado en 1787, comienza con la afirmación de que es "el deber de toda criatura racional ocuparse de su descendencia". Argumentó acerca de la importancia de la educación de la mujer en *Vindicación de los derechos de la mujer*: "Con la enseñanza desde la infancia de que la belleza es el cetro de la mujer, la mente se adapta al cuerpo y, deambulando en su jaula de oro, solo busca adornar su prisión". (No podía saber el paralelismo que estaba haciendo con la criatura que su hija imaginaría décadas más tarde. Casi como el monstruo de Frankenstein, las mujeres están confinadas por su propia forma física). Aunque Wollstonecraft no viviría para ver a la mujer en la que se convertiría su hija, hizo todo lo que pudo en su vida para asegurarse de que Mary, y todas sus hijas, crecieran con más oportunidades que las mujeres que las precedieron.

⁂ MARÍA MONTESSORI ⁂

SANTA PROTECTORA DE LOS MAESTROS
NACIDA EN 1870 EN ITALIA
Día festivo: 31 de agosto

Propuesta de horario de invierno en las "Casas de los niños" (9:00-16:00 horas)
9:00-10:00. Entrada. Saludo. Inspección de higiene personal.
10:00-11:00. Ejercicios intelectuales (nomenclatura, ejercicios sensoriales).

En la escuela de medicina, María Montessori debía practicar sola con cadáveres, después del horario laboral, ya que no podía estar en presencia de un cuerpo desnudo junto a sus compañeros masculinos. Sus intereses pronto se centraron en la pediatría y la psiquiatría. Tras graduarse, empezó a trabajar con niños con discapacidades mentales.
11:00-11:30. Gimnasia simple. 11:30-12:00. Almuerzo. Breve oración.

Sospechando que la pedagogía que había desarrollado con los niños con discapacidades también podía aplicarse a los niños sin discapacidades, Montessori aceptó una oferta para trabajar con familias de bajos ingresos en un distrito obrero de Roma. La llamaban "Casa dei Bambini", o "Casa de los niños".
12:00-13:00. Juegos libres. 13:00-14:00. Juegos dirigidos, si es posible al aire libre.

La "casa de los niños" sería una verdadera casa, un conjunto de salas con un jardín "donde mandan los niños". Montessori creía que era importante que las mesas y las sillas fueran del tamaño de los niños, para que pudieran moverlas fácilmente.
14:00-15:00. Manualidades (modelado en arcilla, etc.).
15:00-16:00. Gimnasia colectiva y canciones, si es posible al aire libre.

El método ofrecía un fuerte contraste con los métodos más estrictos de educación que eran populares en ese entonces, que mantenían a los niños sujetos a reglas y aprendiendo de memoria. Montessori observó que, cuando se los dejaba a su suerte, los niños gravitaban hacia actividades prácticas y compartían responsabilidades. Vio en sus tareas cómo surgía la autodisciplina: "Suele ser muy conmovedor ver sus esfuerzos por imitar, recordar y, finalmente, vencer sus dificultades". Su método se utiliza en todo el mundo hasta el día de hoy.

 JANE ADDAMS

SANTA PROTECTORA DE LAS VECINAS
NACIDA EN 1860 EN ESTADOS UNIDOS
Día festivo: 6 de septiembre

Las primeras medidas fueron establecer un grupo de lectura vecinal (empezaron con George Eliot) y montar un jardín de infantes en una habitación de la deteriorada mansión. Esa mansión era Hull House, y su transformación en centro comunitario —una institución en el centro de la ciudad orientada a prestar servicios sociales a la comunidad— fue una creación de Jane Addams, cuando tenía veintinueve años. Addams, que provenía de una familia adinerada, se había interesado en la reforma social después de leer *¿Qué hacer?*, de León Tolstoi. Luego de visitar un centro comunitario londinense, durante un viaje a Europa, la propia Addams aportó los fondos iniciales para el proyecto y, con su socia y amiga Ellen Gates Starr, fundó el centro comunitario en una zona de Chicago que lo necesitaba con urgencia. "Si es natural alimentar a los hambrientos y cuidar a los enfermos —escribió más tarde—, definitivamente es natural dar alegría a los jóvenes y comodidad a los mayores, y atender el deseo profundamente arraigado de intercambio social que sienten todos los hombres". Ocho años después de abrir sus puertas, Hull House se había ampliado a un complejo de trece edificios; ocupaba casi una manzana completa de la ciudad e incluía un teatro, bibliotecas, una oficina de correo y un gimnasio. En su apogeo, recibía alrededor de dos mil visitantes por semana. Addams y los residentes de la casa, en su mayoría mujeres, hacían *lobby* a favor de los derechos de las mujeres, las leyes contra el trabajo infantil y la protección de los inmigrantes. También consiguieron establecer el primer parque infantil de la ciudad. El activismo de Addams se extendió mucho más allá de Hull House —fue cofundadora de la ACLU y la primera mujer estadounidense en ganar un Premio Nobel de la Paz—, pero siguió siendo la jefa de residentes en Hull House hasta su muerte, a la edad de setenta y cuatro años.

ISABEL I

SANTA PROTECTORA DE LAS REINAS

NACIDA EN 1533 EN INGLATERRA

Día festivo: 7 de septiembre

Para mí será una satisfacción total, tanto por el recuerdo de mi nombre como por mi gloria, que el día que deje salir mi último aliento, en mi tumba de mármol esté grabado: "Aquí yace Isabel, que reinó virgen y murió virgen".

La hija de Enrique VIII y Ana Bolena difícilmente sería reina: después de la decapitación de Bolena, la joven Isabel fue declarada ilegítima. Mientras estaba bajo el gobierno de su media hermana, María I, que se convertiría en "María la Sangrienta", Isabel fue encarcelada en la Torre de Londres. Pero después de la muerte de María, fue Isabel, de veinticinco años, quien accedió al trono y dio inicio a un reinado de casi cuarenta y cinco años. Tras heredar una nación en bancarrota, bajo la amenaza tanto de Francia como de España, la presionaron a crear una alianza internacional a través del matrimonio. En cambio, logró mejorar las relaciones de Inglaterra con Francia, y su armada derrotó a la armada española, todo sin un rey. Al Parlamento, que esperaba que se casara, le dijo: "Ahora que el cargo de gobernar el reino recae en mí, pedirme también que me ocupe de los asuntos del matrimonio tal vez parezca un punto de disparate desconsiderado. Para darles satisfacción les notifico que me he unido ya a un esposo: el reino de Inglaterra".

 RUBY BRIDGES

SANTA PROTECTORA DE LOS PRIMEROS PASOS
NACIDA EN 1954 EN ESTADOS UNIDOS
Día festivo: 8 de septiembre

En 1960, el fallo *Brown v. Consejo de Educación* cumplía seis años, y también Ruby Bridges, la primera niña afroamericana en asistir a la escuela primaria William Frantz, de blancos, en Nueva Orleans, en medio de la crisis de desegregación. Bridges pasó el primer día en la oficina del director; debido a las amenazas de envenenamiento, se le permitió comer solo la comida que había llevado de su casa. Y la joven Bridges tuvo que ganarse este dudoso privilegio, ya que fue una de los únicos seis niños negros que aprobaron el examen de admisión que había sido diseñado para que lo reprobaran. Al principio, solo una maestra de la escuela, Barbara Henry, aceptó dar clase a un niño negro, y Bridges se convirtió en su única alumna. (Décadas más tarde, después de que Bridges, que aún vive en Nueva Orleáns, comenzara su propia fundación para promover la tolerancia en las escuelas, las dos se reunieron en el programa de Oprah Winfrey). Norman Rockwell representó el primer día de Bridges en la escuela Frantz en su cuadro *El problema con el que todos vivimos*, aunque las fotografías que sobreviven de esa mañana de noviembre hablan por sí solas. Hay una multitud de mujeres blancas, madres que están alejando a sus hijos de la escuela, y niños blancos, quizás sus hijos. Las bocas de las mujeres están abiertas, gritando; el letrero que tiene un niño dice: "Lo único que quiero para Navidad es una escuela blanca y limpia". Luego se ve a la pequeña Ruby, que lleva su mochila como un pequeño maletín, con esos zapatos tipo merceditas y las medias blancas debajo. Tiene la cabeza gacha. Está bajando las escaleras de la escuela. Llega hasta la cintura de los cuatro alguaciles que la acompañan. Al recordar el momento años después, uno de los alguaciles dijo: "Ella simplemente marchaba como un soldadito".

MARIE CURIE E IRÈNE JOLIOT-CURIE

SANTAS PROTECTORAS DE LAS CIENTÍFICAS
NACIDAS EN 1867 Y 1897 EN POLONIA Y FRANCIA
Día festivo: 12 de septiembre

En 1917, una fábrica en Orange, Nueva Jersey, comenzó a producir relojes que usaban esferas luminosas pintadas con radio, una de las varias compañías que aprovecharon la nueva popularidad de ese elemento. Unas cuatro mil mujeres se convirtieron en pintoras de esferas, e incluso ingerían el radio al mojar los pinceles con la lengua para refinar la punta. Pronto la salud de estas mujeres comenzó a fallar. Hacia la década de 1920, habían comenzado a morir de cáncer de huesos. La "madre de la física moderna", Marie Curie, seguramente conocía los riesgos de la exposición a la radiactividad —en un viaje a Estados Unidos, el presidente Harding le regaló un gramo de radio en una caja revestida con plomo—, pero no les prestaba atención y solía trabajar con botellas del elemento en los bolsillos de la chaqueta. Su investigación le valió dos Premios Nobel de Física: uno con su marido, Pierre, y otro a ella sola. También la dejó crónicamente enferma y casi ciega por cataratas; la exposición finalmente la llevó a la muerte, a los sesenta y seis años, de anemia aplásica. Sin embargo, su trabajo continuó sin ella, en manos de su hija Irène, que como adolescente había comenzado a asistir a Marie en los hospitales de campaña durante la Primera Guerra Mundial, estableciendo centros de radiología móvil. Irène, junto con su marido, Frédéric Joliot-Curie, consiguió convertir un elemento en otro elemento radiactivo, y así descubrió la radiactividad inducida y ganó su propio Premio Nobel. Irène murió de leucemia a los cincuenta y ocho años. La hija de Irène, la física nuclear Hélène Langevin-Joliot, rechaza la idea de que la abuela sacrificó su vida. "Hizo ciencia porque quería —dijo—. Porque le encantaba investigar. Eso era lo más importante".

MARGARET SANGER

SANTA PROTECTORA DE LA ELECCIÓN

NACIDA EN 1879 EN ESTADOS UNIDOS

Día festivo: 14 de septiembre

Dos incendios llevaron a Margaret Sanger a la ciudad de Nueva York: un incendio doméstico en la casa que compartía con su esposo e hijos en el valle de Hudson, y su incendio interno, que la llevó a retomar su empleo como enfermera en las comunidades inmigrantes del barrio Lower East Side. Allí vio los efectos que la pobreza y la falta de autonomía tenían en las mujeres: partos frecuentes, abortos espontáneos y resultados a menudo trágicos de abortos inducidos. (Sanger ya sabía algo de esas presiones: su propia madre había soportado dieciocho embarazos, de los cuales habían sobrevivido once niños). "Cuando las mujeres obtengan su libertad económica, dejarán de ser juguetes y herramientas para los hombres", escribió en 1912, en una serie de columnas dirigidas a madres y niñas. Más tarde amplió la idea: "El primer paso hacia lograr la vida, la libertad y la búsqueda de felicidad para cualquier mujer es su decisión de convertirse o no en madre. La maternidad forzada es la negación más completa del derecho de la mujer a la vida y la libertad". Sanger fundó la primera clínica de control de natalidad del país, en Brooklyn, en 1916. Ella y su hermana, Ethel Byrne, fueron arrestadas y condenadas por distribuir anticonceptivos, y el juez declaró que las mujeres no tenían "el derecho a copular con una sensación de seguridad de que no resultará en una concepción". Aunque su apelación fracasó, el juicio de Sanger se popularizó y se consiguieron muchos nuevos donantes por la causa. En 1921, Sanger fundó la Liga Estadounidense de Control de la Natalidad. Hoy en día se la conoce como Planned Parenthood.

⚜ JUNKO TABEI ⚜

SANTA PROTECTORA DE LAS CUMBRES
NACIDA EN 1939 EN JAPÓN
Día festivo: 22 de septiembre

Si la gente quiere llamarme "la loca de la montaña", está bien.

—JUNKO TABEI

La loca de la montaña fue la primera mujer en escalar el monte Everest. También fue la primera mujer en escalar las Siete Cumbres, el pico más alto de cada continente. El montañismo no era un mundo para las mujeres en los años sesenta, especialmente en un país como Japón, donde hasta el día de hoy las mujeres deben asumir el apellido de sus esposos. En el caso de Junko Tabei (apellido de soltera, Ishibashi), un futuro en el alpinismo parecía aún menos probable: era la quinta de siete hijos, hija de un impresor, una niña frágil que jamás superaría los 1,50 metros de estatura. Pero allí donde no había paso, Tabei se abrió un sendero. "Algunos de los hombres no querían escalar conmigo", recordaba. "Algunos creían que yo estaba allí para conocer hombres, pero solo me interesaba la escalada". Al final, Tabei se casó con un compañero escalador, alguien que entendió y apoyó su búsqueda, manteniendo un empleo estable en Honda y ocupándose de sus hijos para que ella pudiera alcanzar cimas cada vez más altas. A los treinta años, Tabei fundó el Ladies Climbing Club: Japón (LCC), y el grupo que lideró hasta el Everest estaba compuesto por ella misma y otras catorce mujeres. Después de superar la escasez de fondos para una escalada exclusivamente de mujeres, casi las detuvo una avalancha que acabó con su campamento doce días antes de llegar a la cima. Una vez que llegaron, Tabei y el LCC se hicieron famosos. ¿Su lema? "Vámonos a una expedición al extranjero por nuestros propios medios".

ANNA POLITKOVSKAYA

SANTA PROTECTORA DE LAS VALIENTES
NACIDA EN 1958 EN ESTADOS UNIDOS
Día festivo: 7 de octubre

Dos meses antes de su muerte, la periodista Anna Politkovskaya se mezcla entre una multitud de mujeres, con un pañuelo en la cabeza. Las otras mujeres hacen lo posible por ocultarla: es importante que pase desapercibida. Un combatiente checheno, un hombre nacido en este pueblo, ha sido ejecutado por órdenes del Kremlin. En este momento su cabeza cuelga suspendida de una tubería de gas, y sus pantalones deportivos ensangrentados se exponen debajo. Es verano, y la cabeza ha estado allí por un tiempo. Los hombres responsables toman fotografías con sus teléfonos celulares. Luego la descuelgan —un pequeño acto de misericordia— solo para coserla de vuelta al cuerpo y volver a exhibirla. Una advertencia para los chechenos adultos, para sus hijos, para cualquiera que esté mirando. A Politkovskaya se le ha advertido que no debe estar aquí —sus reportajes le han ganado enemigos; ha recibido amenazas de muerte—, pero aquí está y escribirá sobre lo que ve.

Politkovskaya, hija de diplomáticos, nació en Nueva York. Podría haber elegido una vida alejada de esto. Ya ha sido arrestada, envenenada y arrojada a una fosa. Ha sobrevivido a un simulacro de ejecución a manos de tropas rusas. Pero como periodista, sintió la obligación de describir, con sus palabras, "la vida que nos rodea para aquellos que no pueden verla por sí mismos". Fue un deber que le costaría la vida; en octubre de 2006 la hallaron en un ascensor en su edificio residencial en Moscú, con disparos en la cabeza y el pecho. Aunque todavía sigue sin saberse quién ordenó el asesinato, documentos ultrasecretos revelados por Edward Snowden confirman que los Servicios de Inteligencia Federal de Rusia habían marcado su cuenta de correo electrónico. Dos meses antes de su asesinato, Politkovskaya escribió: "La gente de Chechenia teme por mí, y eso es muy conmovedor. Temen más por mí que lo que yo temo por mí misma, y así es como sobrevivo".

LAS BRUJAS DE LA NOCHE

SANTAS PROTECTORAS DEL CIELO
ESTABLECIDO EN 1942 EN LA UNIÓN SOVIÉTICA
Día festivo: 8 de octubre

Sus uniformes de piloto eran de segunda mano de sus homólogos masculinos. Los aviones eran refaccionados, de madera contrachapada y lona, con cabinas abiertas, sin radio ni radares. El avión ni siquiera podía soportar el peso que agregaban los paracaídas. Volaban en grupos de dos, estas jóvenes rusas, en la oscuridad de la noche. Eran el 588° regimiento de bombardeo nocturno de la Fuerza Aérea Soviética, pero los soldados alemanes las llamaban *Nachthexen*, o "brujas de la noche", porque el sonido de sus aviones desvencijados recordaba al chasquido de palos de escoba. Los soviéticos fueron los primeros en usar a mujeres como pilotos de combate, y durante cuatro años de la Segunda Guerra Mundial, las brujas de la noche lanzaron 23.000 toneladas de bombas sobre los invasores nazis. "Los alemanes inventaban historias", dijo más tarde una de las más famosas del regimiento, Nadezhda Popova. "Difundieron el rumor de que nos habían inyectado sustancias químicas desconocidas que nos permitían ver con claridad a la noche". En 2010, con ochenta y nueve años, Popova recordaba: "A veces miro fijamente a la oscuridad y cierro los ojos. Aún puedo imaginarme como una niña, allí arriba en mi pequeño bombardero, y me pregunto: 'Nadia, ¿cómo lo hiciste?'".

 ELEANOR ROOSEVELT

SANTA PROTECTORA DEL SENTIDO COMÚN
NACIDA EN 1884 EN ESTADOS UNIDOS
Día festivo: 11 de octubre

"Eleanor, apenas sé lo que será de ti", le dijo Anna Rebecca Hall una vez a su pequeña hija, cuya apariencia en la niñez le valió el apodo de "Abuela". "Eres tan simple que no tienes nada que hacer excepto *ser buena*". Eleanor Roosevelt *fue* buena, aunque tal vez no de la forma en que su madre lo deseaba. No solo fue la primera dama de Estados Unidos con más años de servicio, sino que se convirtió en la primera presidenta de la Comisión de Derechos Humanos de las Naciones Unidas el año siguiente. En 1948, se la declaró la mujer viva más admirada según la encuesta de Gallup. En 1949 y 1950 también. Y en 1952 y 1953, y así sucesivamente, ininterrumpidamente hasta 1961. (La racha podría haber continuado, si no fuera porque ella murió el año siguiente). Al igual que su esposo, Franklin, con sus charlas radiofónicas *Fireside Chats*, Eleanor tenía una manera particular de establecer intimidad con el público: "My Day", su columna en un periódico, que apareció seis días a la semana durante increíbles veintisiete años. Escribió en un tono familiar desde la primera entrada, la víspera de Año Nuevo de 1935: "Me pregunto si alguien más se regodea en frío y nieve afuera, y una hoguera adentro [...] en soledad en su propia habitación" (mostrando ciertos matices de Virginia Woolf). La columna de Eleanor se convirtió también en una plataforma para sus opiniones políticas, sobre la raza, la guerra, los derechos de las mujeres, la educación. En noviembre de 1960, escribió sobre el futuro del país: "Ya seas republicano o demócrata, me parece que esta cuestión de cómo nos acercamos a salvar al mundo y a su gente de sí mismos no es una cuestión partidista".

DELMIRA AGUSTINI

SANTA PROTECTORA DE LA FANTASÍA

NACIDA EN 1886 EN URUGUAY

Día festivo: 24 de octubre

Nacida en Uruguay en una familia acomodada que siempre la apoyó, Delmira Agustini se inició de muy pequeña en la lectura y la escritura; afirmó haber escrito sus primeros poemas a los tres años. Aun con todas esas ventajas, se sentía atada a lo que la sociedad esperaba de ella. En una carta que escribió a los veinticinco años, confiesa: "Bien o mal, saldré en noviembre o diciembre para casarme. He resuelto arrojarme al abismo medroso del casamiento. No sé: tal vez en el fondo me espera la felicidad". Pero el matrimonio solo duró unos pocos meses, cuando Agustini tomó la inusual iniciativa de solicitar el divorcio ella misma, aduciendo "vulgaridad" y amenazas que no detalló. Pese a la separación, la pareja continuó viéndose y, un mes después de la finalización del divorcio, el ex esposo terminó con la vida de ambos, al matar a Agustini y suicidarse. A pesar de su corta vida, Agustini sigue siendo una de las primeras grandes poetisas de la América Latina del siglo XX. Aun hoy, su obra, con el característico erotismo febril, se considera extrema, marcada por su rechazo a ser considerada un simple objeto. En el poema "Tres pétalos a tu perfil", se inspira en el mito de Pigmalión, aunque en su versión la mujer asume el rol activo de escultora, papel que le fue negado en su propia vida.

En oro, bronce o acero
líricos grabar yo quiero
tu Wagneriano perfil;
perfil supremo y arcano
que yo torné casi humano:
asómate a mi buril.

HILLARY CLINTON

SANTA PROTECTORA DE LA POSIBILIDAD
NACIDA EN 1947 EN ESTADOS UNIDOS
Día festivo: 26 de octubre

En 1969, Hillary Rodham, de veintiún años, pronunció el discurso de apertura en nombre de su clase en la universidad privada femenina Wellesley College. "Me encuentro en un lugar que me resulta familiar —comenzó—, el de reaccionar, algo que nuestra generación viene haciendo hace ya bastante tiempo. Todavía no estamos en los puestos de liderazgo y poder, pero tenemos ese elemento indispensable de crítica y protesta constructiva". Cuarenta y ocho años después, volvió a Wellesley, como Clinton, ex primera dama, senadora y secretaria de Estado, para hablar con la clase que egresaba en 2017. "Esto es lo que quiero que sepan —dijo, en relación con el año en que ella se graduó—. Pasamos esa época tumultuosa y, una vez más, comenzamos a prosperar cuando nuestra sociedad cambió las leyes y abrió el círculo de oportunidades y derechos cada vez más para incluir a más estadounidenses. Revolucionamos los motores de la imaginación". A los veintiún años, había concluido su discurso con una anécdota: "Una de las cosas más trágicas que pasó ayer, un día hermoso, fue que estaba hablando con una mujer que me dijo que no quería ser yo por nada en el mundo. No quería vivir hoy y mirar adelante a lo que ve, porque tiene miedo. El miedo siempre nos acompaña, pero simplemente no tenemos tiempo para él. No ahora". Su mensaje, a los sesenta y nueve años, sigue siendo el mismo. "Su educación les da más que conocimientos. Les da el poder de seguir aprendiendo y aplicar lo que saben para mejorar su vida y la de los demás —dijo—. Involúcrense con una causa que les importe. Elijan una. Empiecen en algún lugar. No tienen que hacer todo. Pero no se mantengan al margen. ¿Y saben qué? Conozcan a sus funcionarios electos. Si no están de acuerdo con ellos, hagan preguntas. Cuestiónenlos. Mejor aún, postúlense para un cargo algún día".

LISE MEITNER

SANTA PROTECTORA DEL DESCUBRIMIENTO
NACIDA EN 1878 EN AUSTRIA
Día festivo: 27 de octubre

En una cena del Women's National Press Club en 1946 en honor a Lise Meitner, el presidente Harry Truman dijo, con humor negro, a la física austro-sueca: "¡Entonces tú eres la pequeña dama que nos metió en todo esto!". A lo largo de su gira por Estados Unidos ese año, la trataron como celebridad, como alguien que había "dejado Alemania con la bomba en la cartera". De hecho, las contribuciones de Meitner al descubrimiento de la fisión nuclear llevaron a Albert Einstein a escribir su famosa carta de advertencia al presidente Franklin D. Roosevelt. En 1935, en el instituto de química Kaiser Wilhelm de Berlín, había comenzado a trabajar junto con el químico Otto Hahn en un programa de "investigación transuránica" que, tres años más tarde, llevó inesperadamente al descubrimiento de la fisión nuclear. En ese entonces, Meitner, judía, ya había huido a los Países Bajos, con su anillo de diamantes —un regalo de Hahn— por si los guardias fronterizos le exigían un soborno. Hahn, de vuelta en Alemania, recibió el Premio Nobel de Química en 1944, que muchos creyeron que debió haber sido compartido con Meitner. Pero Meitner estaba preocupada por cosas mucho más graves que su reconocimiento. Cuando la invitaron a Nuevo México para participar en el proyecto Manhattan, declaró: "No quiero tener nada que ver con una bomba". Y jamás perdonó a Hahn y asociados por su "resistencia pasiva" frente a la Alemania nazi. "Se permitió el asesinato de millones de seres humanos inocentes sin pronunciar ningún tipo de protesta", escribió en una carta a Hahn. "Primero traicionaste a tus amigos, luego a tus hijos por permitir que arriesgaran la vida por una guerra criminal y, por último, traicionaste a la propia Alemania".

 PUSSY RIOT

SANTAS PROTECTORAS DEL PUNK
ESTABLECIDO EN 2011 EN RUSIA
Día festivo: 7 de noviembre

Apenas cuarenta segundos, el 21 de febrero de 2012, cambiaron la vida de las mujeres de Pussy Riot y catapultaron al grupo de protesta ruso, feminista y de punk-rock a la fama internacional. Con vestidos de colores brillantes y pasamontañas, fueron a la solea de una iglesia ortodoxa de Moscú y comenzaron a cantar una canción de protesta que llamaron "Una plegaria punk". El acto fue interrumpido por la seguridad, y dos de las mujeres fueron arrestadas; sin embargo, pronto aparecieron en Internet imágenes de grabaciones del incidente. (Ejemplo de letra: "Virgen María, Madre de Dios, ¡ahuyenta a Putin, ahuyenta a Putin!"). El arresto de estas jóvenes sirvió para ilustrar la misma bancarrota moral por la cual protestaban, la aparente dictadura que había surgido bajo el gobierno del presidente Vladimir Putin, y la determinación de su régimen de silenciar a los críticos. Un año después, Katya Samutsevich, una de las miembros más prominentes de Pussy Riot, apareció en el festival de cine de Sundance a través de un video chat, tras la proyección de un documental sobre el grupo. La recibieron con un aplauso a sala llena. Cuando le preguntaron si había planes para lanzar oficialmente algún *álbum*, *Samutsevich respondió que no*: "Rechazamos todo tipo de comercialismo y no tenemos planes de lanzar nada comercial. Nunca comercializaremos nuestro arte". Pussy Riot ha seguido haciendo nuevas declaraciones, y más recientemente ha puesto su mirada en Donald Trump. Durante el período previo a las elecciones presidenciales de 2016 en Estados Unidos, la banda lanzó su propio "Que Estados Unidos vuelva a ser grande":

¿Cómo quieres que sea tu mundo?
¿Qué quieres que sea?
¿Sabes que hay dos lados en una pared?
¿Y que nadie es libre?

LUCRETIA MOTT

SANTA PROTECTORA DEL SUFRAGIO
NACIDA EN 1793 EN ESTADOS UNIDOS
Día festivo: 11 de noviembre

En la National Portrait Gallery de Londres, se exhibe un cuadro de Benjamin Robert Haydon, de casi 3 metros de alto por 3,8 metros de ancho. *La Convención de la Sociedad contra la esclavitud, 1840* muestra un mar de rostros pálidos que se ciernen sobre trajes negros, presididos por el famoso abolicionista Thomas Clarkson. En el extremo derecho del lienzo, un grupo de asistentes llama la atención, con sus sombreros blancos que parecen irradiar luz. Aquí están las mujeres. El puñado de mujeres delegadas se sentaban segregadas; el cuadro no lo muestra, pero en realidad estaban detrás de un biombo. Entre estas mujeres se encontraba Lucretia Mott, cuya oración esa semana —a favor de los derechos de la mujer— llevó a la prensa a apodarla "la leona de la Convención". Aunque compartían enemigos en común, muchos abolicionistas no recibían de buena manera a las mujeres en su causa, por lo que ellas tenían que actuar por su cuenta. Mientras estaba allí, Mott conoció y tomó bajo su ala a la joven Elizabeth Cady Stanton (que, en su luna de miel, había asistido a la convención, habiendo tantos otros lugares), y juntas organizaron la primera convención por los derechos de la mujer, que se llevó a cabo en Seneca Falls, Nueva York. (En el 150° aniversario de la convención, Hillary Clinton pronunció un discurso en el que dijo: "Gran parte de lo que son y hacen hoy las mujeres se debe a la valentía, la visión y la dedicación de los pioneros que se reunieron en Seneca Falls"). Pero, a diferencia de Stanton, Mott vio con buenos ojos la participación de hombres en la convención e hizo aliados de quienes asistieron, como Frederick Douglass. "El rápido éxito de nuestra causa —determinó— depende de los fervorosos e incansables esfuerzos de hombres y mujeres". En un relato del evento, producido en la imprenta de Douglass, se afirmó que Mott habló con "su habitual elocuencia y energía ante una audiencia grande e inteligente". Era "el alma de la ocasión".

JUANA INÉS DE LA CRUZ

SANTA PROTECTORA DE LOS INTELECTUALES
NACIDA EN 1651 EN MÉXICO
Día festivo: 12 de noviembre

Dios me ha dado el don de un amor muy profundo por la verdad.

—JUANA INÉS DE LA CRUZ

Como muchas poetisas de la historia, Juana Inés de la Cruz nunca se casó, aunque era reconocida por su belleza y recibió muchas propuestas de matrimonio. En cambio, se convirtió en monja —sor Juana— y recurrió al convento de San Jerónimo y Santa Paula como asilo para su educación, ya que la universidad de la ciudad de México no permitía el ingreso de mujeres. Según declaró, no deseaba tener "ninguna ocupación fija que pudiera restringir mi libertad de estudiar". Se convirtió en el miembro más famoso del convento, al entretener a intelectuales y dirigir una especie de galería. Llenó su celda de libros, obras de arte e instrumentos musicales y científicos. Escribió poemas y ensayos que se publicaron, y obras de teatro que se representaron. Sin embargo, después de un tiempo, su trabajo comenzó a meterla en problemas con la Iglesia: su poesía estaba llena de imágenes lujuriosas y sus cartas criticaban sermones conocidos; mostraba demasiado interés en temas seculares. A esta polémica, sor Juana respondió: "Se puede filosofar perfectamente mientras se prepara la cena", y firmó una carta como: "Yo, la peor de todas". Como respuesta, la jerarquía católica aplicó mano dura. Le quitaron su biblioteca —unos cuatro mil ejemplares— y todos sus instrumentos de estudio. Ya no le permitían publicar. La Iglesia había sido su asilo, pero también era su jaula. Póstumamente, se publicó una carta que escribió a sus críticos al final de su vida; se la considera un manifiesto feminista del Nuevo Mundo. "Oh, cuánto daño podría haberse evitado en nuestra tierra —escribió— si nuestras mujeres mayores hubieran sido instruidas".

AUDRE LORDE

SANTA PROTECTORA DE LAS PALABRAS
NACIDA EN 1934 EN ESTADOS UNIDOS
Día festivo: 17 de noviembre

Nació como Audrey Geraldine Lorde, pero incluso de niña no le gustaba la *y* al final de su nombre, cuya cola colgaba por debajo del renglón, así que lo cambió. Nació en Nueva York y era hija de inmigrantes caribeños. Era tan miope que la consideraban legalmente ciega. En su juventud, aprendió poemas de memoria. "La gente solía decirme: 'Bueno, ¿qué te parece, Audre? ¿Qué te pasó ayer? Y yo recitaba un poema y, en algún lugar de ese poema, habría un verso o un sentimiento que estaba compartiendo". Cuando no encontró más poemas que expresaran lo que quería decir, comenzó a escribir nuevos versos propios; estaba en octavo grado. "Las palabras tenían energía y poder —dijo—, y llegué a respetar ese poder desde el principio. Los pronombres, los sustantivos y los verbos eran ciudadanos de distintos países, que en realidad se unieron para hacer un nuevo mundo". Cuando no encontró más palabras que expresaran lo que quería decir, creó las suyas propias. Durante sus años como docente en Berlín, popularizó el término "afro-alemán" y se convirtió en defensora del desarrollo social y político de muchas mujeres negras alemanas. Creó el término "biomitografía" para describir su libro *Zami*, que tenía tanto "los elementos de la biografía como los de la historia del mito", escribió. "En otras palabras, es ficción construida a partir de diversas fuentes. Es una forma de ampliar nuestra visión". Lorde, que se describía a sí misma como una "poetisa feminista negra, madre y lesbiana", luchó contra el cáncer al final de su vida y adoptó otro nombre poco antes de morir. En una ceremonia de nombramiento africano, se convirtió en Gambda Adisa, que significa "Guerrera: Aquella que hace que se conozca lo que quiere decir".

WILMA MANKILLER

SANTA PROTECTORA DEL LIDERAZGO
NACIDA EN 1945 EN LA NACIÓN CHEROQUI
Día festivo: 18 de noviembre

*Algunas personas efectivamente se ganan su nombre en la cultura
indígena. No es mi caso, pero no siempre se lo cuento a la gente.
A veces, solo digo que Mankiller [asesina de hombres] es mi nombre,
que me lo gané, y los dejo dudar.*

—WILMA MANKILLER

Una madrugada de noviembre de 1969, ochenta y nueve indígenas norteamericanos partieron hacia la isla de Alcatraz para reclamarla "en el nombre de los indígenas de todas las tribus". La ocupación duró diecinueve meses, y el número de participantes aumentó a cuatrocientos, lo que puso a la política federal indígena en el foco de la atención nacional y también en la de una madre y esposa de veinticuatro años de Oakland. "Lo que Alcatraz hizo por mí fue permitirme ver a personas que se sentían como yo, pero que lo expresaban mucho mejor", declaró más adelante la jefa Wilma Mankiller. Irónicamente, Mankiller podría no haber presenciado la ocupación —una experiencia que, según escribió, "cambió la manera en la que me percibía a mí misma como mujer y como cheroqui"— si su familia no hubiera sido parte del programa de la Ley de Reubicación Indígena del gobierno de Estados Unidos en la década de 1950, que los trasladó desde su granja en Oklahoma a San Francisco. Ella lo llamaría su propio "pequeño sendero de lágrimas". Luego de divorciarse de su esposo, Mankiller regresó con sus hijos a Oklahoma, donde se convirtió en la primera jefa mujer de la Nación Cheroqui, y así logró triplicar las inscripciones en el registro de su tribu, reducir la mortalidad infantil y mejorar la educación. Mankiller, de voz más suave que muchos de los miembros (masculinos) del ayuntamiento, también instaló un interruptor de apagado universal para los micrófonos, para impedir interrupciones. Una vez dijo: "Mis amigos me describen como alguien a quien le gusta bailar en la cornisa del techo. Intento alentar a las jóvenes para que estén dispuestas a tomar riesgos, a luchar por las cosas en las que creen". (Para que conste, su canción favorita para bailar era "Respeto", de Aretha Franklin).

151

⚛ BILLIE JEAN KING ⚛

SANTA PROTECTORA DE LAS CAMPEONAS
NACIDA EN 1943 EN ESTADOS UNIDOS
Día festivo: 22 de noviembre

Cualquier jugador medianamente decente podría derrotar
incluso a las mejores jugadoras.
—BOBBY RIGGS

A menudo me han preguntado si soy una mujer o una atleta. La pregunta es
absurda. A los hombres no se les pregunta eso. Soy una mujer. Soy una atleta.
—BILLIE JEAN KING

20 de septiembre de 1973. Fue el mayor público presente en un partido de tenis de la historia de Estados Unidos, con noventa millones de espectadores sintonizándolo en todo el mundo. Cuatro meses antes, Riggs, un ex campeón de Wimbledon de cincuenta y cinco años, había festejado la victoria ante la ex número 1 del mundo Margaret Court en una paliza llamada la "Masacre del Día de la Madre". Ahora, Billie Jean King, que también había ocupado el primer puesto los cinco años anteriores, había aceptado el desafío. El partido se vendió como la "batalla de los sexos", y la teatralidad llenó el estadio Astrodome de Houston. King llegó al estilo de Cleopatra, llevada por hombres de torso desnudo, mientras que su oponente viajaba en un *rickshaw* tirado por mujeres casi igual de desnudas. King —que comenzó como campocorto de sóftbol pero cuyos padres la empujaron al deporte más "femenino" del tenis— ganó en tres sets, manteniéndose detrás de la línea de fondo mientras Riggs corría por toda la cancha. Algunas personas, molestas por la victoria, lo consideraron inválido: Riggs era veinticinco años mayor que King; tenía la misma edad que el padre de ella. "Para mí vencerlo no significaba nada a nivel atlético" dijo King más tarde. "Nada. Pero era lo que representaba". Para King, que acababa de fundar la Asociación de Tenis Femenino, en una cruzada por la igualdad de remuneración para las profesionales del tenis, representaba mucho. El Título IX, una ley que protegía contra la discriminación por razón de sexo, había sido aprobado el año anterior. "No se trataba de un partido de tenis, sino de un cambio social".

KARA WALKER

SANTA PROTECTORA DE LA CONFRONTACIÓN DE LA HISTORIA
NACIDA EN 1969 EN ESTADOS UNIDOS
Día festivo: 26 de noviembre

Había una obra de arte colgada en la sala de referencia del segundo piso de la biblioteca pública de Newark, en Nueva Jersey. Representaba el horror de la reconstrucción, figuras del Ku Klux Klan junto a una cruz en llamas, Barack Obama orando detrás de un podio y una mujer negra siendo forzada a hacer una felación a un hombre blanco. Estuvo a la vista de todos durante un día antes de que el director de la biblioteca lo cubriera con un paño con estampado de cebra. El personal había recibido quejas. La gente se sentía incómoda.

Ese era el punto. Cuando se volvió a revelar el dibujo —un dibujo de 2,5 metros de largo titulado *El arco moral de la historia se inclina idealmente hacia la justicia, pero siempre que no se vuelque hacia la barbarie, el sadismo y el caos desenfrenado*—, un periódico local cubrió la noticia con una nota del editor advirtiendo que "la obra de arte, que se puede ver en la parte inferior de esta columna, puede resultar ofensiva para algunos lectores". Varias semanas después, un grupo de más de cien personas se reunieron durante una hora en esa biblioteca pública; la artista, Kara Walker, se había presentado para hablar.

Walker nació en un suburbio multicultural de California. Cuando tenía trece años, la familia se mudó a Georgia, donde Walker se enteró de que Estados Unidos no era tan multicultural como ella creía. De su nueva escuela, ha contado: "Me llamaban 'negra', me decían que me parecía a un mono, me acusaban (no sabía que era una acusación) de ser 'yanqui'".

Muchas de las obras más famosas de Walker, siluetas negras sobre fondos blancos, tienen un formato circular de 360 grados, y así rodean literalmente al espectador. En un momento, las imágenes recuerdan a las ilustraciones de los libros de cuentos; al siguiente, son profundamente violentas. En una reflexión sobre la controversia, Walker ha declarado: "Si la obra es censurable, esa obra también soy yo, proviene de una parte censurable de mí. No voy a dejar de hacerlo, porque ¿qué otra cosa podría hacer?".

ADA LOVELACE

SANTA PROTECTORA DE LAS GENIAS
NACIDA EN 1815 EN INGLATERRA
Día festivo: 27 de noviembre

Ada Lovelace no conocería a su padre, el poeta Byron. Su madre, Annabella, se aseguró de eso. Sus padres eran opuestos que se atraían y luego se repelían —el líder del Romanticismo pasó de llamar a su esposa amante de las matemáticas "princesa de los paralelogramos" a acusarla de ser una "Medea matemática"— y Ada fue resguardada diligentemente de la influencia de su padre. Pero seguía siendo hija del arte y la ciencia, como lo demostró su imaginación desde muy temprana edad. A los doce años comenzó a investigar la mecánica del vuelo; lo llamó "vuelología". (Es esta Ada joven e ingeniosa la que inspiraría a Thomasina, el brillante personaje de Tom Stoppard en el corazón de su obra de 1993 *Arcadia*). Cuando Ada tenía diecisiete años, su madre la llevó a una fiesta donde conoció al polímata Charles Babbage, quien se convirtió en su mentor. Babbage creó el motor analítico, la primera computadora mecánica; Ada fue la intérprete de la creación. Ella vio que el potencial de la máquina iba más allá de los cálculos, que eventualmente podría procesar texto, imágenes y música, y expresó la importancia de la invención mejor de lo que su creador podría haberlo hecho. Por este logro, es considerada la primera programadora de computadoras. "La imaginación —escribió— es, básicamente, la facultad del descubrimiento. Es aquello que penetra en los mundos ocultos que nos rodean, los mundos de la ciencia".

✧ LOUISA MAY ALCOTT ✧

SANTA PROTECTORA DE LAS ESCRITORZUELAS
NACIDA EN 1832 EN ESTADOS UNIDOS
Día festivo: 29 de noviembre

Cada pocas semanas, ella se encerraba en su habitación, se ponía su traje de escribir y "caía en un vórtice", como ella decía. Escribía entonces su novela con pasión, poniendo en ella toda el alma, pues hasta que no estuviera terminada, no hallaría la paz.

El "ella" aquí refiere a Jo March, la heroína de la novela más querida de Louisa May Alcott, *Mujercitas*, pero la autora también podría haber estado hablando de sí misma. Al igual que Jo, Alcott era la segunda de cuatro hijas y la marimacho de la familia. Las descripciones que Alcott hizo de cómo escribía Jo ofrecen una visión no solo de la percepción que la autora tenía de sí misma, sino también de cómo luchaba con su trabajo. "Así, pues, con firmeza espartana, la joven autora puso a su primogénito sobre la mesa y lo troceó despiadadamente. Con la esperanza de agradar a todo el mundo, siguió el consejo de cada uno y [...] no complació a nadie". Aprender a complacerse a sí misma por encima de los demás era un privilegio que pocas mujeres podían permitirse. Cuando se publicó la primera novela de Alcott, *Moods* [Estados de ánimo], ella escribió posteriormente: "Fue tan modificada, para adaptarse al gusto y la conveniencia de la editorial, que el propósito original de la historia se perdió de vista". Más notables que las semejanzas de Alcott con su personaje son, incluso, sus diferencias. Jo se casa a los veinticinco años y tiene dos hijos (lo cual lleva a dos secuelas sobre sus "hombrecitos"). Alcott, después de los veinte años, comenzó a escribir para la revista *Atlantic Monthly*. Durante la guerra civil, trabajó como enfermera en un hospital de la Unión y documentó su experiencia en un escrito contra la esclavitud. Nunca se casó, aunque acogió a la hija de su difunta hermana, otra Louisa. Y en 1882, casi veinte años después de su publicación, volvió a esa primera novela y restituyó los capítulos perdidos. Alcott consiguió el final que quería.

SHIRLEY CHISHOLM

SANTA PROTECTORA DE LAS PRIMERAS
NACIDA EN 1924 EN ESTADOS UNIDOS
Día festivo: 30 de noviembre

"¡Shirley Chisholm! ¿Qué haces aquí?".

Mayo de 1972, una habitación de hospital en Maryland. George Wallace, candidato a presidente, acababa de soportar cinco horas de cirugía tras un intento de asesinato —cuatro balas en el pecho y el estómago, una alojada en la columna vertebral— que lo dejaría paralizado por el resto de su vida. Y a pesar de ser su oponente en la campaña primaria, y aunque, como gobernador de Alabama, Wallace hubiera proclamado alguna vez: "Segregación ahora, segregación mañana, segregación para siempre", y aunque era una mujer negra de Brooklyn, Shirley Chisholm fue a verlo. Chisholm se había presentado toda su vida —abogando por la asistencia de menores, los desempleados y los desamparados— como la primera mujer negra elegida para el Congreso de Estados Unidos (donde cumplió siete mandatos), y como la primera mujer negra en intentar convertirse en presidenta (conocida por su eslogan "Ni vendida ni manejada"). A menudo decía que no quería que la recordaran por su candidatura a la presidencia. Sabía que no podía ganar. "Me postulé —dijo— porque alguien tenía que hacerlo primero". Aquel día en el hospital, Wallace preguntó: "¿Qué dirá tu gente?". Su presencia junto a él le costaría muy caro en las urnas. A Chisholm no le importaba. "Sé lo que van a decir —dijo—, pero no quiero que lo que te pasó a ti le pase a nadie".

LAS HERMANAS GRIMKÉ

SANTAS PROTECTORAS DE LA IGUALDAD
NACIDAS EN 1792 Y 1805 EN ESTADOS UNIDOS
Día festivo: 4 de diciembre

En mayo de 1838, mientras Angelina Grimké se dirigía a un grupo de personas en una sala de Filadelfia, una multitud se reunía afuera en protesta. Poco después arrojaban piedras y rompían las ventanas. "Esas voces afuera necesitan despertar y clamar nuestras más sinceras condolencias. ¡Crédulos!", dijo la menor de las hermanas Grimké. "No saben que están minando sus propios derechos y su propia felicidad, temporaria y eterna". Angelina lo sabía, al igual que su hermana Sarah: habían nacido, en Carolina del Sur, en el seno de una familia adinerada que tenía más de cien esclavos. De niña, Sara se había sentido frustrada por la educación limitada que recibía en comparación con sus hermanos y la horrorizaba presenciar los azotes a esclavos a manos de los miembros de su propia familia. Encontró refugio en el norte; más tarde regresó por su hermana y las dos dedicaron sus vidas al abolicionismo. "Como sureña, siento que es mi deber ponerme de pie aquí esta noche y dar mi testimonio contra la esclavitud. [...] Me crié bajo su ala: durante muchos años fui testigo de sus influencias desmoralizantes y de cómo destruye la felicidad humana", declaró Angelina ese día en Filadelfia. "*Jamás* he visto a un esclavo feliz. Los he visto bailar con sus cadenas, es cierto; pero no eran felices".

 GRACE HOPPER

SANTA PROTECTORA DE LAS PROGRAMADORAS
NACIDA EN 1906 EN ESTADOS UNIDOS
Día festivo: 9 de diciembre

Parece la foto de una clase, del tipo que se toma cuando uno es muy joven —cinco en la fila de atrás, de pie, y cinco en la de adelante, sentados—, salvo que se trata de adultos, con el uniforme completo de la Armada de Estados Unidos. El año es 1944, y este es el equipo original de Mark I, la calculadora de IBM controlada por secuencia automática de Harvard. En otras palabras: una computadora del tamaño de una habitación. Se alza detrás de ellos y se extiende más allá del marco de la fotografía. Hay una mujer en la imagen, solo una, con las manos cruzadas en su regazo —le han dado una falda militar en lugar de pantalones—, y su expresión es la más sombría de todas, con los ojos fijos en el objetivo de la cámara. Grace Hopper llegó al proyecto como teniente de grado menor, la primera de su clase. Se había unido a la Reserva de la Armada después de Pearl Harbor, pero se la había considerado demasiado vieja —treinta y cinco años— y demasiado delgada —cuarenta y siete kilos— para el alistamiento militar. (Terminaría su carrera excepcionalmente larga como almirante). Enseguida, sus colegas fueron poco amables. "Más tarde me enteré de que habían estado […] tratando de sobornarse unos a otros para determinar cuál de ellos tendría el escritorio junto al mío", recordaba. Incluso aquellos con los que trabajó más de cerca le recordaron que "no sabía distinguir una computadora de un canasto de tomates". Pero Hopper, que de niña había desarmado relojes para examinar su maquinaria, aprendió rápido, lo suficientemente rápido como para desarrollar el primer compilador, que podía convertir instrucciones en código de máquina, y para ser pionera en el uso de lenguajes humanos en la programación, con lo cual abrió el campo a quienes no sabían el código de máquina. En 2016, el presidente Obama otorgó póstumamente a Hopper la Medalla Presidencial de la Libertad. En sus palabras: "Si Wright es el vuelo y Edison es la luz, entonces Hopper es el código".

EMILY DICKINSON

SANTA PROTECTORA DE LA POESÍA
NACIDA EN 1830 EN ESTADOS UNIDOS
Día festivo: 10 de diciembre

La imagino en casa
en un simple vestido blanco,
como siempre lista para dormir
escribiendo poemas para esconder
en un cajón,
cerrado con candado.

Y quizás esta sea la imagen que ella quería dejarnos. Rechazar la invitación de una amiga, a los veintitrés años: "Soy tan anticuada, querida, que todos tus amigos se quedarían mirando". Pero Emily Dickinson no era, de hecho, tímida. Estudió ciencias en el seminario Mount Holyoke, y se negó a ser salvada por Dios. Cuando una maestra le preguntó si había dicho sus plegarias, respondió que sí, "aunque no puede hacerle mucha diferencia al Creador". Con eso, fue condenada a la categoría de "los que no tienen esperanza". Y aunque esta importante poetisa estadounidense haya publicado poco en su vida, buscó activamente contactos profesionales. "¿Estás demasiado profundamente ocupado para decirme si mi poesía está viva?", le escribió al crítico literario Thomas Wentworth Higginson, que recientemente había publicado un artículo con consejos para jóvenes escritores en la revista *Atlantic Monthly*. Su carta dio origen a una larga correspondencia entre los dos, aunque Dickinson rechazó su invitación para viajar a Boston ("No cruzo el terreno de mi padre para ir a ninguna casa o pueblo"). Finalmente, Higginson viajó a Amherst a conocerla. De la experiencia, escribió: "Nunca he estado con nadie que agotara tanto mi poder de galantería. Sin tocarla, lo drenaba de mí. Me alegra no vivir cerca de ella".

ELLA BAKER

SANTA PROTECTORA DE LOS DERECHOS CIVILES

NACIDA EN 1903 EN ESTADOS UNIDOS

Día festivo: 13 de diciembre

Recuerden, no estamos luchando solo por la libertad de los negros, sino por la libertad del espíritu humano, una libertad más amplia que abarca a toda la humanidad.

—ELLA BAKER

No existe el Día Nacional de Ella Baker, y su nombre no aparece en los típicos calendarios del país, aunque es poco probable que la propia Baker hubiera querido esa atención. Nieta de esclavos que se graduó con el mejor promedio de su clase, Baker tuvo un papel clave en el Comité Coordinador Estudiantil No Violento y en la Asociación Nacional para el Progreso de las Personas de Color (NAACP, por sus iniciales en inglés), donde, como directora de filiales, se convirtió en su miembro femenino de más alto rango. En 1957, el doctor Martin Luther King, Jr., invitó a Baker a servir como directora ejecutiva de su Conferencia Sur de Liderazgo Cristiano. Baker aceptó el rol, pero se mantuvo cautelosa de que ningún líder se convirtiera en el centro del movimiento. "Creo que, para ser muy honesta, el movimiento hizo a Martin, y no Martin al movimiento", dijo en una entrevista. "Esto no es para desacreditarlo. Para mí, así es como debe ser". La propia Baker abogó por un liderazgo centrado en el grupo y se enfocó en la organización de base. Ayudó a registrar a los votantes negros y, en última instancia, cofundó el Partido Demócrata por la Libertad de Mississippi, una respuesta al Partido Demócrata de Mississippi, partido de blancos exclusivamente. Baker creía que votar era la única llave a la libertad. "No me viste en la televisión, no viste noticias sobre mí —dijo—. El tipo de papel que intenté interpretar fue el de recoger las piezas o unir las piezas de las que esperaba obtener la organización. Mi teoría es que las personas fuertes no necesitan líderes fuertes".

 JANE AUSTEN

SANTA PROTECTORA DE LA IRONÍA

NACIDA EN 1775 EN INGLATERRA

Día festivo: 16 de diciembre

No quiero que la gente sea muy agradable, porque me ahorra
el trabajo de que me caiga muy bien.

—JANE AUSTEN

Jane Austen sabía ser malvada. Tanto es así que sobreviven muy pocas de sus cartas, ya que su familia se ha esforzado mucho, después de su muerte, para destruir o censurar todo comentario que consideraran demasiado directo. Sorprende, entonces, cómo en los últimos años, declarar el amor por Austen se ha convertido en declararse un romántico. La última década o dos han visto un aumento no solo en las adaptaciones directas de las obras de Austen sino en novelas y películas que representan a "Janeitas", entusiastas fanáticos de Austen que sueñan con renunciar a su vida moderna para poder entrar en los mundos ideales de su ficción. La malinterpretación era algo que incluso Austen encontraba en su época. En 1816, escribió *Plan de una novela, según las indirectas procedentes de distintas partes, una breve parodia de la "novela ideal"*, escrita en respuesta a las sugerencias que le había hecho lectores de su obra. En él, la heroína —"un personaje impecable, perfectamente buena, con mucha ternura y sentimiento, y, no menos importante, ingenio"— se encuentra con el héroe, a quien "lo único que le impide cortejarla es el exceso de sofisticación". Más tarde el padre enfermo de la heroína, un clérigo, "después de cuatro o cinco horas de consejos tiernos y advertencias paternales a su miserable niña, muere en un gran estallido de entusiasmo literario". En una carta que sobrevivió que escribió a su sobrina, dijo: "Las imágenes de perfección, como sabes, me enferman".

FAITH SPOTTED EAGLE

SANTA PROTECTORA DE LAS ACTIVISTAS
NACIDA EN 1948 EN LA NACIÓN SIOUX DE YANKTON
Día festivo: 19 de diciembre

En las seis semanas que siguieron a las elecciones presidenciales de 2016 en Estados Unidos se renovó el interés por los 538 electores que votarían en las elecciones indirectas establecidas por la Duodécima Enmienda a la Constitución. Siete electores se negaron a votar por los candidatos presidenciales con los que sus estados estaban comprometidos, y emitieron "votos sin fe" el 19 de diciembre de 2016, un número histórico, que antes solo se superaba en los casos en que un candidato ya no vivía. Uno de esos votos, de un elector del Estado de Washington, fue para Faith Spotted Eagle [Fe Águila Moteada] y fue la primera vez que un voto electoral fue para un indígena norteamericano (y, junto con Hillary Clinton, los primeros dos casos en que un voto electoral fue para una mujer). "Pensé que eran noticias falsas", declaró Spotted Eagle a un periodista. "Le pregunté a mi hija: '¿Esto es de verdad?'. Ella contestó: 'Creo que sí'". Spotted Eagle tiene una historia de activismo; ha protestado durante la guerra de Vietnam y ha ayudado a crear el primer refugio para mujeres indígenas norteamericanas. Ahora, como "abuela" —una anciana sabia— ha liderado las victorias contra la construcción del oleoducto Dakota Access, que transportaría medio millón de barriles de petróleo crudo por día a través de tierras sagradas. En CNN, comparó el plan con la construcción de un oleoducto que atravesara el Cementerio Nacional de Arlington. Respecto del tiempo que pasó en los campamentos de protesta, dijo: "Creo que es el renacimiento de una nación, y creo que todos estos jóvenes aquí sueñan que algún día vivirán en un campamento como este, porque oyeron a los ancianos contar las historias de su vida junto al río. [...] Están viviendo el sueño".

⚛ MARGARET HAMILTON ⚛

SANTA PROTECTORA DE LAS INGENIERAS
NACIDA EN 1936 EN ESTADOS UNIDOS
Día festivo: 21 de diciembre

Se suponía que sería un trabajo para ayudar a pagar las cuentas mientras su esposo terminaba la facultad de derecho. Su hija pequeña tenía que ir al laboratorio con ella. Era el año 1960, y casi todos sus colegas del MIT eran hombres. (No llevaban a sus hijos al trabajo). Su equipo recibió la tarea de desarrollar el código de la primera computadora portátil. Con solo un título universitario en matemáticas, Hamilton se destacó como solucionadora de problemas, y pronto fue contactada por la NASA. En 1965, era la responsable de todo el *software* de vuelo a bordo de las computadoras del programa Apollo. Su hija, Lauren, seguía acompañándola al laboratorio por las noches y los fines de semana. Fue Lauren quien, jugando con un teclado, rompió el simulador de comandos, lo cual inspiró a Hamilton para agregar un código de comprobación de errores al *software* que nadie consideraba necesario. Cinco días después del vuelo del *Apollo 8*, un astronauta provocó accidentalmente el mismo error que Lauren. Fue el código de Hamilton lo que llevó a la nave espacial de vuelta a casa. "Si miro hacia atrás —ha declarado Hamilton—, éramos las personas más afortunadas del mundo; no teníamos más remedio que ser pioneros; no había tiempo para ser principiantes".

⋙ LOUISE BOURGEOIS ⋘

SANTA PROTECTORA DE LA VANGUARDIA
NACIDA EN 1911 EN FRANCIA
Día festivo: 25 de diciembre

Dios trabajó seis días y descansó el séptimo. Louise Bourgeois, con más de noventa años, trabajaba seis días, y el séptimo, tenía una galería en su casa, donde criticaba el trabajo de jóvenes artistas. Los participantes del foro lo conocían como "Domingo, sangriento domingo"; Bourgeois no se andaba con rodeos. En una de estas sesiones, mientras manipulaba una pieza de arcilla, explicó su temprano salto de la pintura a la escultura: "Cuando pasas de la pintura a esto, significa que tienes un pensamiento agresivo. [...] [La escultura] me permitió expresar lo que antes me daba vergüenza decir". Se cuenta que luego retorció el cuello de la figura con las manos. A pesar de toda su rigurosidad, los elementos más duros e intransigentes de la obra de Bourgeois se remontan a su niñez: la traición de su padre a su madre y una oscura concepción del sexo que la dejó vulnerable. En 1968 produjo un falo de látex de 60 centímetros de largo y lo llamó *Fillette*, que en francés significa "niña pequeña". Posó, para Robert Mapplethorpe, sujetándolo como a un bolso bajo el brazo. Y a una de sus piezas más icónicas, una araña de un metro de bronce, acero inoxidable y mármol que se exhibió por primera vez en el museo Tate Modern, la tituló *Maman* [Mami]. "Las arañas son presencias amigables que comen mosquitos", ha dicho. "Sabemos que los mosquitos propagan enfermedades y, por lo tanto, nadie los quiere. Por lo tanto, las arañas son útiles y protectoras, tal como mi madre".

MARLENE DIETRICH

SANTA PROTECTORA DE SALIRSE DEL GUION
NACIDA EN 1901 EN ALEMANIA
Día festivo: 31 de diciembre

Tuvo un solo minuto con un micrófono candente para decir lo que quería. Estaba en el norte de África, emitiendo un programa de radio para la Red de las Fuerzas Armadas. Le habían pedido que cantara "Lili Marlene", una popular canción de guerra que el ministro de propaganda del gobierno nazi había prohibido. En cuanto se saliera del guion, la detendrían. De todos modos, siguió adelante, hablando rápidamente en su alemán natal: "¡Niños! ¡No se sacrifiquen! ¡La guerra es una mierda! ¡Hitler es un idiota!". Como era de esperar, el locutor del Ejército le quitó el micrófono; era una transmisión para todas las tropas estadounidenses. Sin embargo, estaba segura de que las tropas alemanas lo escucharían en las emisoras ilegales de radio, creadas por el Departamento de Operaciones Morales del gobierno de Estados Unidos. Hitler había querido a Marlene Dietrich para Alemania; agentes nazis habían intentado sobornarla para que regresara de Hollywood. En cambio, la estrella berlinesa de *El ángel azul* y *El expreso de Shanghai* se convirtió en ciudadana estadounidense en 1939 y, cuando comenzó la Segunda Guerra Mundial, inició campañas de bonos de guerra y un fondo para refugiados judíos. En 1943, dejó Hollywood y viajó al extranjero para actuar con Organizaciones de Servicios Unidas (USO, por sus iniciales en inglés). Un veterano recordaba su visita a un hospital de la Cruz Roja en Nápoles: después de una presentación en el comedor, Marlene "comenzó una implacable gira de siete días, de la mañana a la noche, por todo el hospital. [...] Sin duda me convertí en un ávido fanático, y lo sigo siendo, leal a la memoria de Marlene Dietrich, la dama que se rio de Hitler, rechazó su orden de comparecencia y vertió su cuerpo y alma en el esfuerzo de la Segunda Guerra Mundial". Dietrich, por su parte, siempre se referiría a esa época de su vida como "lo único importante que he hecho".

TU PROPIA SANTA FEMINISTA LAICA

_____
NOMBRE

_____
SANTA PROTECTORA DE

_____
AÑO DE NACIMIENTO Y LUGAR

_____
DÍA FESTIVO

AGRADECIMIENTOS

Quiero agradecer, como siempre, a Elyse Cheney. Estoy agradecida de haber encontrado a una colaboradora tan maravillosa en Manjit Thapp. Este libro no existiría sin la brillante Caitlin McKenna. Está en cada detalle.

—Julia Pierpont

Gracias, mamá, por tu apoyo interminable, y Laura, por todas las veces que dibujamos en clase. También me gustaría agradecer a Caitlin McKenna por hacer de todo este proceso un sueño absoluto, y a Julia Pierpont por sus cautivadoras biografías. Disfruté mucho ilustrarlas.

—Manjit Thapp

Y un gran agradecimiento a todos los que contribuyeron con nombres. Su pasión nos inspiró: Alex Henry, Alex Kondo, Alwa Cooper, Andra Miller, Angela McNally, Anna Pitoniak, Ashleigh Heaton, Ben Stark, Betsy Cowie, Brenden Beck, Caitlin Endyke, Caroline Calkins, Casey Selwyn, Cindy Spiegel, Claudia Roth Pierpont, Dain Goding, Daria Solomon, Dennis Ambrose, Emi Ikkanda, Erica González, Erika Hval, Grace Kallis, Hannelore McKenna, Jane Zimmer, Janet Glazier, Jean Carbain, Jen Garza, Jennifer Rice, Jennifer Rodríguez, Nina Rouhani, Jessica Henderson, Josh Brechner, Kaela Myers, Kaley Baron, Katie Okamoto, Kesley Tiffey, Lindsay Adkins, Loren Noveck, Lucy Silag, Maggie Yolen, Matt Burnett, Melanie DeNardo, Michael McKenna, Michelle Jasmine, Mika Kasuga, Molly Turpin, Morgan McKenna, Porscha Burke, Robbin Schiff, Robert Pierpont, Sabine Zimmer, Sarah Beth, Sarah Locke, Sharanya Durvasula, Shauna Summers, Sheila Lawton, Steve Messina, Susan Corcoran, Susan Kamil, Ted Allen, Toby Ernst, Tricia Narwani, Victory Matsui y Vincent La Scala.

SOBRE LA AUTORA

JULIA PIERPONT es la autora del *bestseller* del *The New York Times, Among the Ten Thousand Things*, ganador del Prix Fitzgerald en Francia. Se graduó en Barnard College y en el programa de la maestría de bellas artes de la New York University. Sus escritos han aparecido en *The Guardian, The New Yorker, The New York Times Book Review* y *Guernica*. Vive y enseña en Nueva York.

Twitter: @juliapierpont

SOBRE LA ILUSTRADORA

MANJIT THAPP es una ilustradora del Reino Unido. Se graduó con una licenciatura en artes en ilustración, en el Camberwell College of Arts en 2016. Sus ilustraciones combinan medios tradicionales y digitales, y su trabajo ha sido publicado en Instagram, *Dazed*, *Vogue India* y la revista *Wonderland*.

Instagram: @manjitthapp

SOBRE LA TIPOGRAFÍA

Este libro está redactado en Nofret, una tipografía diseñada en 1986 por Gudrun Zapf-von Hesse especialmente para la fundición Berthold.

El pequeño libro de las grandes feministas de Julia Pierpont
se terminó de imprimir en julio de 2019
en los talleres de
Impresora Tauro, S.A. de C.V.
Av. Año de Juárez 343, col. Granjas San Antonio,
Ciudad de México